细说中国史

统一王朝之秦朝

侯芳静◎编著

团结出版社
UNITY PRESS

图书在版编目（CIP）数据

统一王朝之秦朝 / 侯芳静编著. -- 北京 : 团结出
版社, 2024.1
（细说中国史）
ISBN 978-7-5234-0312-9

Ⅰ.①统… Ⅱ.①侯… Ⅲ.①中国历史—秦代—通俗
读物 Ⅳ.①K233.09

中国国家版本馆CIP数据核字(2023)第140328号

出　版：团结出版社
　　　　（北京市东城区东皇城根南街84号　邮编：100006）
电　话：（010）65228880　65244790（出版社）
　　　　（010）65238766　85113874　65133603（发行部）
　　　　（010）65133603（邮购）
网　址：http://www.tjpress.com
E-mail：zb65244790@163.com（出版社）
　　　　fx65133603@163.com（发行部邮购）
经　销：全国新华书店
印　刷：三河市金兆印刷装订有限公司

开　本：710毫米×1000毫米　16开
印　张：12
字　数：200千字
版　次：2024年1月　第1版
印　次：2024年1月　第1次印刷

书　号：978-7-5234-0312-9
定　价：39.80元

序　言

中国是一个拥有悠久历史和灿烂文明的国度，中国作为世界上最古老的文明古国之一，拥有着灿烂辉煌的文化和悠久的历史传承。从五雄争霸之春秋到军阀混战之民国，中国历史如同一幅波澜壮阔的画卷，展现了数千年的辉煌与沧桑。

历史的巨轮滚滚向前，在人类历史的长河中，中国历史起着十分重要的作用，并具有其独特的历史地位。这不仅体现在其悠久的历史传承上，更在于它对人类文明的发展产生的深远影响。中国历史可以追溯到数千年前。在这漫长的历史长河中，中国经历了历朝历代的更迭，从夏朝的建立到清朝的灭亡，每个朝代都有其独特的政治、经济、文化等特色。这些朝代的兴衰变迁，不仅是中国历史的重要组成部分，更是人类文明发展的重要见证。

这部《细说中国史》系列丛书旨在为读者呈现一幅全面而细致的中国历史图景。以通俗易懂的语言，结合丰富的史事，尽力做到还原历史原貌。

另外，历史各期的政治制度、经济发展、科技创新、文化艺术等方面都有着丰富的内涵和独特的魅力。通过了解这些，读者可以更好地理解中国的现代化进程，以及中国历史在世界历史舞台上的地位和影响力。

同时，本系列丛书也将关注历史背后的社会背景和文化传承；探讨源远流长的中国文化，如儒家、道家、佛教等思想流派的兴起与传承；展示中国科技的辉煌成就，如四大发明、丝绸之路的开辟等。

本系列丛书可以让读者穿越历史的时空，追溯历史的起源，探索历朝历代的荣辱兴衰，感受历史人物的悲欢离合，并寻找历史规律，从而以史为镜，正己衣冠。

总之，衷心希望这部《细说中国史》系列丛书能帮助读者更好地了解中国的历史和文化，并感受其独特的魅力。

由于历史的复杂性和多样性，这部《细说中国史》系列丛书难以涵盖所有方面，不免挂一漏万。同时，历史研究也在不断发展和更新，我们将尽可能参考最新的学术研究成果，尽量做到准确且客观地叙述。期待读者在阅读过程中提出宝贵的意见和建议，诚挚感谢。

目 录

第三章　繁华盛世，帝国雄风

第四章　陷入危机，国家难保

第五章　帝国崩溃，汉代秦亡

第一章 秦国兴起，终称霸主

嬴姓秦氏的由来

众所周知，秦国的统治者为嬴姓，嬴姓起源于三皇五帝。追溯历史，最早记载的古书中提到嬴姓的祖先，应该是黄帝的儿子少昊。之后，少昊的后代是皋陶，皋陶又生下了伯益，而伯益就成为了嬴姓的第一人。

相传，少昊的母亲生生吞下了一颗大鸟蛋，才受孕生下了他。这个少年从出生之日起就精通鸟类的驯养，与各种鸟兽都能够和睦相处，还喜欢将鸟兽作为宠物，用鸟的名字作为官名。此外，他还十分擅长水利，通晓天文，在这一时期，人与人、人与自然都能够和谐相处。

少昊的后代是皋陶，相传，在大禹治水的时候，皋陶也是其中的一名参与者，而且为治水之事费心劳力，做出了很大的贡献。有人说，皋陶养了一只叫獬豸的神兽，这头神兽在治水的过程中起了巨大的作用。本来，根据禅让制，当大禹去世后，应将位子传给皋陶，而皋陶却因操劳过度，比大禹去世得还早。

皋陶的儿子就是嬴姓的创始人，名为伯益。伯益是大禹的贤臣，他和他的父亲一样都具有非凡的智慧，在水利方面表现出超乎常人的才能。在伯益的不懈努力下，大禹统治时期的水利、农耕和畜牧都有了迅猛的发展。

大禹很赞赏皋陶和伯益的才能，为了表示对他们父子二人的感谢，特意将东夷的部落赐给伯益，并且给他封了姓，这个姓就是"嬴"。伯益也

因此成为了嬴姓家族的第一人。

伯益因为各个方面的表现都很突出，被大禹认定为王位的继承人，可最终，还是大禹的儿子夏启成了夏朝的统治者。

根据相关历史记载："禹子启贤，天下属意焉。及禹崩，虽授益，益之佐禹日浅，天下未洽。故诸侯皆去益而朝启，曰'吾君帝禹之子也'。于是启遂即天子之位，是为夏后帝启。"意思是说，大禹在去世之前原本想要将皇位传给伯益，但是由于伯益德行、本领等各个方面都在夏启之下，诸侯、人民都遗弃伯益而纷纷投奔夏启，最终由夏启继承了王位。

相关历史学家，对于夏启继位的说法还存在争议。他们认为，大禹原本想要将王位传给儿子，但是因为当时实行的是禅让制，大禹害怕众人不服。他表面上说将传位给伯益，实际上是联合各个部落，为儿子夏启夺得天下。

据推测，伯益继位几年后便被夏启杀死，之后夏启即位。此后，禅让制结束，王位世袭制度开始。伯益死后，在夏朝统治的漫长岁月里，嬴氏部族没有得到发展。

夏朝末年，因为夏桀的暴政，商汤灭夏的过程中，嬴姓家族的后代费昌出现了。费昌因为对夏桀的统治不满，帮助商汤灭夏。他在与夏朝的战斗过程中身先士卒，获得了奖赏。在商朝时期，出现了两个臭名昭著的嬴姓恶人——飞廉、恶来父子。他们陪在商纣王左右，助纣为虐，恶来最终被周武王杀死。

费昌之后，嬴姓迎来了大族崛起的机会，经过分封、联姻等因素的作用后，越来越多的嬴姓人物出现在了贵族中。到了周朝，这种情况就越来越明显，以至于很多周朝的贵族都是嬴姓。

嬴姓中后来又分离出赵氏和秦氏。伯益之后，飞廉的儿子季盛部落里出现了造父，造父在周穆王时期，为周穆王驾驭坐骑，使其及时赶回都城，阻止了一场叛乱。周穆王惊叹于造父的驾驭技法，为表示嘉奖，将赵城赐给了他，从此有了嬴姓中的赵氏。嬴姓赵氏在后来的发展过程中，成了与秦氏抗衡的一支力量，也就是后来的赵国。

在周孝王时期，恶来的后裔中有一个叫非子的，他是父亲大骆最小的儿子。因为继承了先祖的血统，非子从小就很喜欢动物，特别是马。不仅喜欢，他养马的技术更是一绝。经人举荐，周孝王允许他在汧河、渭河一带养马。

非子尽心尽力，利用当地的环境将马匹养得膘肥体壮，与此同时，让马匹得到了很好的繁衍。周孝王看到后，心中十分欢喜，就想让非子继承其父大骆的位子。但因为非子是大骆最小的儿子，他不能越过长兄继承父亲的位子。于是，周孝王就将秦地封赏给他，作为周王朝的附庸国。

因此，非子就成为了秦国的第一代君主，"秦"姓也由此而来，秦嬴两个字结合到一起，称"秦嬴"。

秦地紧邻西戎地区，经常受到西戎部落的侵扰，非子获得封地之后，苦于西戎时常来犯，迟迟想不出对策。这西戎是中原边界上的一个部落，在大多数中原人眼中，他们是野蛮凶残的象征。和西戎一样的部落，还有东夷、北狄、南蛮，它们合称为"四夷"。

在非子获赐封地的时候，周孝王就已经想到了这些问题，赏赐的封地紧邻犬戎地区，就是为了让他镇守西部边陲，保证西周的安全。秦氏族人并没有令周王室失望，他们做得十分出色。

在和西戎交往的过程中，秦人保持着中原人的血性，也设法了解西戎部落的性格习俗，渐渐懂得了与他们的相处之道。在这一时期，大骆一族就是通过与西戎通婚，从而维护了双方的和平，让西戎最终归顺周朝，保证了周朝西部地区的安定。

到了周厉王统治时期，因其暴政不得人心，从而引发了大规模的国人暴动。西戎借此机会，攻下了大骆部族所处的犬丘之地，深入中原，联合镐京内造反的民众，把周厉王赶出了镐京。

帝王被赶出了都城，这是一件举国震惊的大事，于是，周厉王的儿子周宣王宣布即位，他励精图治，不断派诸侯各国攻打西戎。在此期间，嬴姓的秦仲被任命为大夫，带兵出征。秦仲满腔热血，奋勇前进，与西戎全力厮杀，最终战死沙场。

秦仲一共有五个儿子，他们继承了父亲的遗志。秦仲的大儿子是秦庄公，秦庄公即位之后，决定为父亲报仇，坚持要与西戎决战，为秦地寻求一份安宁。

周宣王给了秦庄公七千兵马，秦庄公与自己的四个弟弟一道，同仇敌忾，奋勇杀敌，一举将西戎部落打败，并且将之前的犬丘地区收复。周宣王因此奖赏了他，将收复的犬丘地区赐给了他们，且封秦庄公为西垂大夫。

自古以来，蛮夷之地又被冠以"彪悍"一词，嬴姓一族也将东夷原有的风格继承了下来。在征讨西戎的过程中，被周王朝封为大夫的秦仲表现出色，他的儿子们也很优秀，他们只带了七千兵马就把西戎打败了，可见当时他们报仇的决心和意志是多么的坚决和顽强。

秦氏几代国君都十分努力，嬴姓族人在发展的过程中，逐渐开始争权夺利。他们与王室之间的相处，不仅仅局限于忠义，更多是为了谋求权益。他们在自身的发展上，不再拘泥于以往的劳作与收获，而是通过更高层的封赏与战争不断壮大自己的力量。

至此，嬴姓秦氏具备了一定的规模，为之后秦襄公的发展奠定了坚实的基础。

局势分析

从三皇五帝到秦嬴的出现，华夏民族的姓氏都在不断发展与变化。追根溯源，少昊不仅是嬴姓的起源，还是秦、李、赵、黄、江、萧、梁、徐等成百个汉族姓氏的始祖。

从太昊到少昊、皋陶再到伯益，他们领导的部落一直都是华夏族的重要部分。伯益不仅是秦姓人的始祖，也是后来分化出的"嬴姓十四姓"的鼻祖，这十四个姓氏主要包括徐氏、运奄氏、郯氏、莒氏、锺离氏、菟裘氏、江氏、黄氏、白冥氏等。

嬴姓秦氏随着华夏文明的发展不断沉淀，它已经不仅仅是一个姓氏，也是一个国家的开端。经过漫长的艰苦成长，嬴姓秦氏经过不断的努力，已经分布于众多部落与诸侯国。他们靠自己的智慧、胆识和一腔热血，不断创造着属于他们的时代。

伯益的部落原属于东夷，嬴姓族人在之后的发展中，同样继承了东夷人原有的血性与坚韧的性格，随着华夏民族的不断发展，他们就像其他华夏儿女一样，在自己的土地上辛勤劳动，勤勤恳恳，自强不息。成为嬴姓秦氏之后，秦国的各个国君继承了祖先的遗志，继续开拓疆土，将国家发展壮大，最终成就了一支不容小觑的中坚力量。

嬴姓秦氏的起源和发展书写着一个姓氏从无到有，一个王朝从一片土地到一个国家的艰辛历史。在不久之后，秦氏族人更加努力奋斗，最终在历史的长河之中大放异彩，创造出了令人瞩目的成就。

说点局外事

目前，"三皇五帝"研究的难点，一是缺乏直接的考古学证据，尤其是文字考古证据；二是"三皇五帝"的说法历来众说纷纭，例如，"三皇"有"燧人氏、伏羲氏、神农氏""伏羲氏、女娲氏、神农氏"等多种说法，"五帝"则有"黄帝、颛顼、帝喾、尧、舜""太昊、炎帝、黄帝、少昊、颛顼"等多种说法。结合近年来陆续出现的许多考古学新证据，与有关古文献相印证，"燧人氏、伏羲氏、神农氏""黄帝、颛顼、帝喾、尧、舜"可能更有资格代表"三皇五帝"，从某种意义上来说，"三皇五帝"的来源有着真实的历史形象和历史背景。

燧人氏的主要历史功绩为"钻燧取火，以化腥臊"，是发明推广人工控制用火、人工取火技术的代表性人物。伏羲氏的主要历史功绩为作八卦、"作结绳而为网罟，以佃以渔"，是渔猎社会的代表性人物。神农氏的主要历史功绩为"斫木为耜，揉木为耒，耒耨之利，以教天下，盖取诸《益》。日中为市"，说明神农氏时代已经进入人工栽培作物比较成熟的时期，出现了产品剩余、集市和交易，是早期农业社会的代表性人物。《史

记》把黄帝作为开端，设立五帝本纪，符合早期中华文明的发展规律。仰韶文化半坡类型与庙底沟类型之间的关系，为关于炎帝和黄帝的记载与传说提供了考古学线索。颛顼的主要历史功绩为"绝地天通"，结束了"夫人坐享，家有巫史"的局面，在意识形态领域为国家的形成尤其是"最早中国"的出现奠定了思想文化基础。帝喾与夷夏都有着密切关系。《史记·五帝本纪》司马贞《索隐》引皇甫谧云："帝喾名夋也"，湖南长沙东南郊子弹库楚墓楚帛书曰："日月夋生""帝夋乃为日月之行"，考古学家冯时认为帝夋与日中之乌"踆乌"以及良渚文化礼玉上的太一北斗神徽有着密切联系。而山西襄汾陶寺遗址为古文献中关于尧舜的记载和传说提供了考古学证据。

由于相关史前考古学材料尤其是文字考古学材料的匮乏，"三皇五帝"均无法得到直接确认。虽然如此，我们依然可以依据丰富的考古成果与史料的互相印证，确认"三皇五帝"的所作所为真实存在，他们绝非神话传说，而是确有其人。在历史长河中，我们的祖先筚路蓝缕，创造了举世公认的早期文明，他们的真实名字可能不叫伏羲氏、神农氏、黄帝等，但他们的伟大功绩与日月同辉而不朽！

秦襄公征战犬戎做准备

公元前778年，秦庄公去世，秦襄公即位，刚刚处理完父亲的丧事，秦襄公便开始思考起来：究竟如何才可以让秦国在自己的领导下强盛起来？

他首先想到了一生奋斗不息的祖父，想到了在夹缝中求生存的父亲，想到了每天都想着为祖父报仇的哥哥们，一直以来，秦嬴都十分努力，即便是君主，也从不懈怠，勤政爱民，尤其重视军事建设，努力学习西戎骑兵与战车技术，并且时刻保持与周王朝的紧密联系，学习农耕技术，鼓励生育。但即便如此，秦国还是要臣服于周王朝之下，不能获得突破性的发展。于是，他忍不住问自己："为什么就这样困难呢？"他想起了让位于自己的哥哥，哥哥已经离开都城很多年了，记得当时哥哥只有二十几岁，就立下誓言不灭犬戎绝不回邑，甚至父亲去世，哥哥都没有回来。而如果不灭犬戎，自己就不可能在都城见到自己的哥哥。究竟应该怎么做呢？秦襄公陷入深深的思索中。

谋士居安是秦襄公最信任的人，也是他的启蒙老师。当秦襄公还是太子的时候，居安就不断教导他，让他一点点学会怎样分析复杂情势，怎样从复杂的形势中找到突破口，并教他学会了帝王之术。可以说，居安是个奇人，只可惜在秦的历史记载中，对于他的记载并不是从秦襄公开始的，而是在后来才有记载。

秦襄公将居安找来，问他："如今的局势，我们正好处于犬戎的三面夹击中，而东面的周朝对我们的保护越来越弱，一直以来，兄长世父将复仇视为人生唯一念想，我刚刚即位，百废待举，而实际情况又是情势逼人，您有什么好办法吗？"

居安听了秦襄公的话，感觉十分欣慰，因为这才是一代君主应该思考的事情。于是，他从衣袖里取出一块绘在羊皮上的地图，双手递到秦襄公身前，说："这是臣花费数年心血绘制的战略形势图。大王请看一下。从地图上不难看出，秦国正好处于渭水一带，四处皆西戎之众，数百年来，混杂居住，中原将咱们视为异族，我们真正得到中原的支持并不多。但是我们又依附于中原，如此一来，树敌于西戎又很明显，这就让我们经常处于战争状态中。"

秦襄公赞同地点头，他看到这样一张详细的战略形势图，心中甚是高兴。"我真的很想知道老师您的想法。"秦襄公十分诚恳地问居安。

居安缓缓施礼，并说道："臣认为，想要让秦国真正强大起来，应该采取刚柔并济、立足西陲、向东挺进的战略。"

秦襄公听得心潮澎湃，在房内踱来踱去，显得异常兴奋，甚至一度拉起居安的手，走到房间外面，在台阶上追问："请老师讲具体一些。"

居安抬头看看天上的点点繁星，又低头看看这位不耻下问的君主，十分感动。于是，说道："西戎和咱们数百年来都是混居在一起的，如今，

他们存在的最大问题就是内部不团结，而这正是我们可以利用的，对一些部落进行拉拢，例如丰王的部落。只有想方设法建立了属于我们的根据地，才可以将主力集中到一起做想做的事情，当然，我们的目的就是向东方进发，争取与周王朝靠拢，无论如何，周朝的很多方式都远远超过咱们，我们只有时常与其联系，才可以让我们的部族不仅具有西戎部落的硬朗作风，还有中原礼仪教化，如此才可以长久啊。"

秦襄公十分兴奋地拉着居安的手，大声道："老师当真是上天派给我最好的礼物啊。"

这样一段话，说实在的，不亚于后来刘备三顾茅庐与诸葛亮的一番对话，由于这次对话是深夜秦襄公在秦邑自己简陋的房内与居安的对话，因此被世人称为"秦阶夜谈"。可以说，这次谈话直接给了秦襄公一个安邦强国之策：分化西戎、靠近周朝，巩固领地、向东发展。

事后，秦襄公重新审视了一下居安的话，总结出了自身的优势：第一，全秦上下同仇敌忾，政令畅通，团结一致；第二，久居戎地，充分了解西戎的情况；第三，时刻防范敌人进攻，一直处于战争状态，部队的战斗力强；第四，在周朝有一席之地，西陲大国虽不如卫、郑、申、燕等传统大国，但至少优于那些边陲小国；第五，东面有西周帝国。

自身的劣势在于：第一，处于西戎的包围之中；第二，周帝国的保护力日渐下降；第三，本国迟迟得不到发展的原因是发展空间受限，东面是自己的宗主国——周，西南北则是西戎地界。

秦襄公经反复思考后，觉得自己要做的事情就是要保持自身的优势，并慢慢将劣势转变为优势。而秦襄公需要保持的第一个优势就是发展生产，鼓励生育，学习技术，多做一些改善民生的工作，亲民、爱民、护民。

为了随时掌握周边动态，秦襄公进一步扩充了自己的情报机构，他利用本国族人与西戎人体貌特征相似的特点，向周边各地派遣了大量的情报收集人员，还在周都城镐京以及各诸侯国都选派了精干的谍报人员。

第三，通过作战提升士兵战斗力，时常召开战斗总结大会，及时获取战斗经验。加强战备，大力改进青铜冶炼技术与战车制造技术，制造出能与西戎比肩的战车，以此提高战斗力。

第四，时常与周天子保持联系，不断获得周天子的信任，尽量将西周的力量为己所用，并且努力做到统治期间，能够将自己的官职升到诸侯。

秦襄公经过一番冷静的思考、分析、整理之后，便行动起来。首先，他对西戎采取分化政策。一直以来，犬戎都是自己的敌人，特别是兄长世父，完全是为了灭掉犬戎而存在的，为此，兄长甚至将国君的位置让给了自己，所以，一定要打击犬戎。与此同时，他也知道，目前西戎的各个部落，战斗力最强的，就是犬戎，所以，联合比较弱小的，打击较强的，不仅符合自身的利益，也符合西戎各部落的利益。而对于最西边的丰王与最南边的西戎部落，他采取了怀柔政策。

当然，他的谍报系统也在正常的运转着，时不时为他带来重要的情报：西南边的西戎部落王是一个不思进取的人，他生性喜欢财物与美女，于是，秦襄公派人试探性地与戎王进行了接触，送去了大量的财物与美女，果然，戎王很是高兴。不仅答应不再进攻秦国，还十分大方地将靠近渭水的一小块地赐予秦襄公。而西边的丰王，正好赶上王妃去世。就在此时，秦襄公想到了和亲，于是，秦国历史上的第一个和亲政策诞生了，其主角就是秦襄公的亲妹妹穆嬴。穆嬴是秦襄公唯一的妹妹，此时年方二八，长得俊俏灵秀，在父兄的教导下，知书达礼。秦襄公亲自去做穆嬴的思想工作，意想不到的是穆嬴爽快地答应了。生在帝王之家，当行帝王之事，穆嬴在临行之前只说了一句话：妹妹定当不辱秦国。

和亲使团成员由秦襄公亲自挑选，由居安带队，连陪嫁的侍女秦襄公都做了充足的准备，他将精心培养的几个女特工全都派到了穆嬴身边，同时，还陪嫁了数车金银财宝。如此礼遇，让刚刚丧妻的丰王很快从悲痛中走了出来，并将全部的恩宠都给了穆嬴。而穆嬴一方面尽心服侍丰王，另一方面，利用自己独有的美丽很快将丰王身边的一些宠臣拉拢到身边。她时刻都不忘记自己和亲的目的，而丰王对她的好又使她下定决心不仅要让哥哥从此西部边防无忧，甚至要让丰王不知不觉成为秦国的坚强后盾！

等到一些都准备妥当后，秦襄公就开始筹划与犬戎之间的战争了。为了确保秦国在危急之时国家能够正常运转，他果断地将都城从秦地（今甘肃天水）迁到汧邑（今陕西省陇县东南）。此次迁都的目的主要有两点：一是向东开进，并且积极与周王朝保持联系，二是为了有力地打击犬戎。他任命自己的兄长世父为大将，亲点了五千精兵给他，让他继续在犬丘一带与犬戎周旋。

局势分析

在中国历史上，最强大战斗力之一的就是犬戎部队。这支部队有如下特点：第一，擅长轻骑出击，因为是游牧民族，所以，当时天下没有任何一支骑兵可以从正面打败犬戎。第二，最擅长偷袭。犬戎总是以数十人轻骑为尖兵，经过一番侦查与试探后，才大部队出击，如果正面效果不甚理想，那么犬戎兵就会以最快的速度撤离，当然，撤离主要是为更好地发动进攻，第二回合的进攻则是出其不意在其侧面发动。想要做到这一点，必须具有熟练的骑术与坚强的意志。第三，从来不恋战的他们，向来速战速决。他们的目的似乎并不是为了地盘，而是为了某块地盘上的财物与人畜，所以，他们的后续部队一般都是马车。每一名骑兵都熟练地握有两样兵器：弓箭与弯刀，配发的装备通常是两筒箭，两把弓，两柄弯刀，每筒二十支箭，编制一般都是三三制，三十人为一小队，三百人为一大队，三千人为一营。当周朝的车乘为军队数量级时，他们就以队为数量级，周朝每四人是一乘，通常都是多少乘出兵，比如八百乘，则是三千二百人的部队，车乘主要是运送士兵，而犬戎的兵车更加先进，他们的兵士主要是骑兵，而他们每一队配备的兵车，则似乎是运送兵器粮草的，就是辎重部队了，每一队都有五辆至十辆兵车。反正，犬戎的部队所有的装备，都是为打运动战做准备。而对于这样的军队，周朝任何一个诸侯国都畏惧不已。很多战争都是这样的形式：刚开打，犬戎的骑兵就冲了过来，他们边冲锋，边射箭，他们的弯刀势大力沉，纯粹是为了配合骑兵设计的，而周朝以及各诸侯国的士兵不是步兵就是待在车上的兵，运动能力有限，通常都是刚一接触就被打得落花流水。而当败退的时候，犬戎的弓箭又如雨点般射来。所以，与其说各诸侯国打不过犬戎，让这些游牧民族在大漠草原驰骋达千年之久，还不如说，是各诸侯国实在不愿与这些来如影去如风的部队开战。而秦襄公却注定要与这当时号称世界第一的超强骑兵对战了。

说点局外事

犬戎，又称为"猃狁"。西周末期，因为长时间处于农耕的和平环境中，让君主荒淫无度，玩物丧志，随之被犬戎击败，到此时，强盛约三百年的西周覆灭。此后，犬戎就成为华夏民族最强大的对手。一直到唐朝，中原民族还将西北游牧民族称为"犬戎"和"戎狄"。在唐代宗年间，太常博士柳伉上疏说："犬戎犯关度陇，不血刃而入京师……"在唐德宗统治时期，大臣柳浑对德宗说："戎狄，豺狼也，非盟誓可结。"这个"犬戎"的"犬"字中带有强烈的侮辱性，且将戎狄视为"豺狼"，也准确地指出了犬戎和戎狄族的狼性格。直到春秋初期，犬戎又成为了秦国的劲敌，此后，犬戎的一支北迁到蒙古草原上，成为了蒙古最早的游牧民族之一。

根据相关文献记载，犬戎族自称祖先是二白犬，并且是西北地区最早将白犬作为图腾的游牧民族，属于西羌族，是炎黄族先祖的近亲。其实，早在炎黄时期，犬戎族就是炎黄族的劲敌。对于其真实性，《后汉书》有记载："昔高辛氏有犬戎之寇，帝患其侵暴，而征伐不。"高辛氏便是黄帝的曾孙，尧帝的父亲。

根据《后汉书》的详细记载，一直到汉朝，在原来犬戎活动的地方曾出现了一个人口密集的西戎白狼国。到东汉明帝时，"白狼……等百余国，户百三十余万，口六百万以上，举种奉贡。"之后，归属东汉。白狼王还命人作诗三首，合称为《白狼歌》，献与东汉皇帝。所以白狼国就是犬戎国的变种，白狼王便是犬戎的后裔，而白狼族则无比崇拜白狼，并以白狼为图腾的部族。白狼国的存在，也可以证明犬戎所崇拜的白犬便是白狼。

秦襄公对战犬戎

秦襄公一切准备完善后，正式对犬戎宣战。此次对战中，秦襄公的兄长世父担任领兵大将一职。可以说，世父的一生都被仇恨所充斥，为了报仇，他立誓：不灭犬戎，誓不回邑。拥有如此决心和意志的世父，是不是可以成功斩杀犬戎王，为父报仇呢？

秦襄公对犬戎发动了战争，但不幸的是，战争刚开始，秦襄公就接连落败，领兵大将是秦襄公的兄长世父。秦襄公给他的五千精兵，经过几次战败之后，剩下的竟然不足一半，而自己却连犬戎王突乌的影子都没见到。终于有一天，世父见到了犬戎王突乌，不过，他是以战俘的身份跟突乌相见的。

世父之所以被俘，与其说他大意，倒不如说他冒进。世父在经过几次失败后，他总结出的经验就是敌人善于偷袭，常常得手，且难以防范。因此，他认为防备偷袭的最好办法就是进攻。

这次，世父要精心策划一场战役，为自己挽回失败的颜面，也为士兵增加一些信心。他觉得以他目前的军队的确不足以打一场漂亮的阵地战，但他坚信，应该可以打一场完美的偷袭战或伏击战。

世父觉得他的想法没有错。于是率领两千人马出发了，侦查得知突乌的营帐就在不远处。如今的他极度渴望打一场漂亮仗，极度渴望能杀入犬戎帐中，将这个大漠之狼擒获。当然，他更渴望可以回到秦都，因为他很多年没回去了。为了实现自己当年立下的誓言：不灭犬戎，誓不回邑！他想起了父亲秦庄公带着他的四位叔叔，在周天子七千精兵的援助下，曾经在秦地大败犬戎，那是何等荣耀！如今自己渐渐老矣，难道有生之年就不能大败犬戎一回吗？

世父是一个很有想法的人，也是一名勇敢的战将。他率领部队悄悄进入犬戎地盘，趁着月色，他似乎看到了突乌的中军大帐。他抬手示意，让部队停下来，稍作休整。身为主将，他需要根据战场态势随时做出改变。

可是，令他万万想不到的是，在他的前面和侧面隐蔽处，已经有无数双眼睛正在紧紧地盯着他们。一双双如豺狼般的眼睛，尤其擅长在夜间观察移动的目标。

是的，世父已经完全钻进了敌人布置的口袋阵！他精心部署的偷袭战，竟然演变成了"自投罗网"的悲情剧。让他没有想到的是，擅长偷袭的部队，反偷袭能力也很强。突乌的部队一般分左中右三路，三路之间形成掎角之势。其中，左路由猛将满也速率领，右路由大将孛丁率领，两队分别有六千骑兵。而突乌自己率领一万大军。突乌的士兵训练有素，久经沙场，在与秦兵多次交战时，总会给秦兵以重创，因此，他们个个士气高涨。

那么，世父的部队为什么可以轻而易举地进入犬戎的营帐呢？因为擅长夜战、擅长偷袭的犬戎人对反偷袭也十分擅长。满也速与孛丁布置的暗哨早就发现了世父他们这支部队，突乌下令把这支部队放进来。他这招叫诱敌深入。而世父却全然不知，他一心认为自己就要成功了，满脑子想的是率领将士们趁敌人毫无防备，杀他们个片甲不留，完事后迅速撤离。可他想不到的是，自己将被困在这里。正当他的士兵们在等候出击号令时，突然听到周边响起阵阵喊杀声，伴随着数不清的火把瞬间亮起，世父见状目瞪口呆。火光中，看到的是一张张得意而又充满蔑视的脸，那正是大批围上来的犬戎士兵。

在这千钧一发之际，世父赶紧下令撤退，但敌人乱箭齐发，随着阵阵惨叫，士兵们纷纷倒地。而训练有素的犬戎部队一边追击，一边放箭，惊慌失措的世父和士兵们已毫无招架之力，结局只有两种：要么战死，要么束手就擒。

世父中了两箭，此刻的他感觉不到任何痛苦，他脑子里想的就是自己的弟弟。满也速的大斧并没有砍向倒在地上的世父，他认识世父，也知道世父的身份。满也速的亲兵将世父架了起来，因为抓住了世父，他就能得到很大赏赐！

世父兵败被俘后，突乌下令：让部队连夜攻占业已空虚的犬丘。突乌自己都没有想到，世父居然放弃了满是鹿角、荆棘以及箭楼的犬丘阵地前来送死，结果可想而知。世父的贸然出击，使秦国的战略要地犬丘一夜之间被犬戎攻克。

局势分析

秦襄公此次对犬戎开战是经过多年准备的，他自认为时机已经成熟，便命兄长世父为领兵将军对犬戎开战。世父也是一位骁勇善战、精通战略战术的悍将，他将复仇视作人生唯一目标。凭着这种坚定的信念，激励自己不断发展壮大。

然而，强中更有强中手，相比世父的军队，犬戎军队更加骁勇善战，且擅长偷袭，让秦兵在战争初期屡屡受挫。世父也因此郁闷不已，军队士气渐渐低迷。心高气傲的世父为了重振士气，挽回颜面，决定偷袭犬戎，斩杀或擒获犬戎王突乌。可他在毫无防备的情况下落入敌人圈套，不仅葬送了两千精兵，连自己都成了犬戎的俘虏。

说点局外事

犬丘一地，是先秦时期的地名。总共有四处：

第一处：西周时期，秦国的先祖非子居住的地方，即"西犬丘"（今甘肃省天水市清水县有秦亭，秦国的发源地），详见《史记·秦本纪》。对此，东汉郑玄曾在《毛诗·秦谱》中曰："周孝王使其末孙非子，养马於汧渭之间。"

第二处：犬丘，西周的都城，位于陕西省兴平市东南侧大约4公里的阜寨乡，有犬丘的遗址。《史记》记载："文王在丰，武王在镐。周懿王时，始自镐（今陕西省西安市西沣水东侧），迁居于此。"《世本》曰："懿王徙于犬丘。"宋衷曰："（犬丘）一曰废丘，今槐里是也。"

第三处：《春秋·隐公八年》也称其为"垂"。春秋时期的卫地。晋杜预曰："济阴句阳县东北有垂亭（今山东省曹县境内）。"《左传·隐公八年》记载："宋公以向请于卫，请先相见。卫侯许之，故遇于犬丘。"

第四处：春秋时期的宋地。晋杜预曰："谯国酂县东北有犬丘城（今河南省永城市境内）。"《左传·襄公元年》记载："郑子然侵宋，取犬丘。"

秦襄公立国

世父被俘事件发生后，秦国陷入了危机。但秦襄公并没有急病乱投医，而是用智慧化解了危机。不仅将世父救了出来，也让秦国得到了喘息的机会，为其发展创造了有利时机，从而使秦国成为诸侯国之一。

对秦襄公而言，兄长世父被俘、要地犬戎沦陷，是他即位以来面临的最大挫折，但他没有慌乱，随即召来居安商量对策。

居安认为，犬戎虽然占领了犬丘，但短时间内是不会杀死世父的，因为杀掉世父对于一向好利的犬戎而言是没有任何意义的。因此，是可以救出世父的。而救出世父的办法可从三个方面入手：首先，派遣使者到犬戎首领突乌那里进行谈判，了解一下对方想法；其次，由丰王出面进行调停，暂时与犬戎讲和，即便赔款也行，但绝不能让犬戎有偷袭秦国的机会；第三，在汧邑集结军队，利用犬戎目前主力都在犬戎的机会，造成马上要向犬戎腹地进攻的假象，尽量在短时间内逼犬戎退兵，继而一举收复犬丘。

从谏如流的秦襄公依照居安所说一一照办。他派遣居安来到丰地，丰王一口答应并遣派使者到犬戎首领突乌那里进行调停。接着，又派遣了另一位能言善辩的谋士去与犬戎谈判，但这一次的谈判遭遇了一些挫折。突乌的要求很简单，想用大量财物换来青铜和战马，而杀了世父并不符合他的利益诉求。但他的两员大将满也速和字丁认为世父是一名劲敌，如果留其性命，必然会对突乌部落造成威胁。毕竟，冲锋一线的总是他俩。突乌也很器重这两位大将，虽然表面上是王与将的关系，但私下里就像亲兄弟一般。因此，满也速与字丁的话突乌也不得不考虑。而就在此时，突乌的探马来报：秦襄公正在汧邑集结了大量军队，并联合了周王朝，似乎要进攻突乌老巢。而对突乌来说，与秦国开战的主要目的不外乎就是掠夺财物

和牲畜，倘若真的落到两败俱伤的地步，就会让狄部落与丰王部落坐享渔翁之利。而此时，丰王又派来了使者，意思是看在同属西戎的面子上，希望能放了世父。

突乌终于说服了满也速和宇丁，将世父放了，从而得到了数车财物，并将犬丘的人畜洗劫一空，扬长而去。

秦襄公终于从他的分化西戎政策中尝到了甜头。此次，不仅让秦国化险为夷，还与丰王部落结成联盟，而丰王的调停举措让秦国暂时与犬戎实现停战。而暂时的休养生息对秦国而言意义重大。而接下来发生在西周的一件大事则为秦国从此走向强盛，实现全国统一奠定了基础。这次机会就是周幽王死后，秦襄公出兵勤王有功而被封为诸侯。

关于周幽王为博美人一笑，烽火戏诸侯的故事广为流传。

褒珦是周朝的大夫，因向周幽王直谏，被关牢房三年之久，他的儿子为了救出父亲，不得不使用了美人计。

褒姒就是在此时被选入宫中的，周幽王对她十分宠爱，因而褒珦也很快被释放了。但褒姒是个冷美人，自从进宫之后就很少笑，周幽王为了博得褒姒一笑，竟然点燃了烽火台。

烽火台在镐京附近，是为了防止犬戎入侵修建的，平时都会有士兵把守，一旦发现有犬戎侵犯，就会点燃烽火台发出信号，让周朝王室做好迎战准备，其他诸侯也会闻讯赶来，共同抵抗犬戎进攻。

周幽王为了博美人一笑，便命人点燃了烽火台，引得士兵们纷纷赶来，到了却发现自己被愚弄了，于是愤愤离去。这时，褒姒真的露出了笑容。在这之后，周幽王时不时地点燃烽火台，为的就是能看到褒姒笑容。如此反复折腾，美人是笑了，但周王室经过烽火戏诸侯，致使其统治摇摇欲坠，更加快了灭亡的步伐。

周幽王对于褒姒的过分宠幸，终于引起了王室后宫的混乱。周幽王因此罢免了宜臼的太子之位，废掉了太子的母亲、原来的王后申氏，封褒姒的儿子为太子。申侯知道这件事情之后，发誓要教训这个昏庸无道的君主。

申侯与西戎联合起来，组建了一支能够与周王室相抗衡的军队。申侯率领军队直抵镐京，周幽王和太子伯服被犬戎杀害。当秦襄公得知这个消息后，第一时间思考起来：是起兵拥护太子宜臼，还是拥护幽王的另外一个儿子？这是他必须思考清楚的大事。

在此危难时刻，对秦襄公而言，如果拒不出兵，就意味着他在这个大事件中担当了一个旁观者的角色，无功也无过。而出兵的话，就意味着他要重新与犬戎开战，这无疑是危险的。与此同时，出兵的目的就是向众人说明：他是拥护宜臼的。而宜臼在这次事件中是饱受非议的，这样的话，出兵的诸侯国会不会被认为是在做助纣为虐的事情呢？

任何一位英明的君主在做出决定之前，都要深思熟虑。最终，将所有问题都集中到一点，那就是要符合国家利益！一直以来，秦襄公想要完成两件事情：一件是获得与中原各诸侯平起平坐的地位；另一件是不断向东迁移，将自己与中原各国融合到一起。这才符合自己国家的利益。要获得与中原各诸侯平起平坐的地位，就得获得周天子的信任。所以，他必须得拥护周天子。而此时，却没有了周天子，那接下来，最重要的是谁当周天子的问题了。

秦襄公将赌注压在了宜臼身上。当然，这是有依据的。宜臼成为天子的机会比任何人都大。首先，曾经作为太子的他虽然被周幽王废黜，但当时并没有正当的理由，完全是因为周幽王昏庸所致，因此大部分诸侯都会同情他；其次，他是申侯的外甥，而且就在申国，并且申侯带兵攻占了镐京，申侯一定会为宜臼当天子而竭尽全力；第三，宜臼的弟弟余臣远在遥远的他国，无名无功，势力单薄；第四，太子伯服已经死了。如果这一次自己帮助了宜臼，那宜臼成为天子后，必然会帮助自己。而犬戎原本就是自己的宿敌，暂时的和平仅仅是权宜之计，从长远的眼光看，与犬戎的战争不可避免。而且，如果此时对犬戎宣战，必然会得到各大诸侯国的支持。再加上，当前的秦国后方较为稳固，丰王部落不可能兴兵来犯。如此千载难逢的大好时机，不抓住就太可惜了。

秦襄公主意既定，倾全国之兵，亲率大军向镐京挺进。挺进途中，得

知郑、卫、晋等国也出兵了，这更让秦襄公欣喜不已。当时，郑、卫、晋、燕、鲁、齐等是大的诸侯国，实力强悍。而自己的决策竟然与大国一致，那就证明自己的决策是正确的。

秦军进军速度非常快，很快赶到了镐京，与其他三路兵马一起，对盘踞在镐京的犬戎部队形成了包围之势，这场战役的结果自然可想而知。犬戎怎么都想不到，邀请他们前来的申侯居然与勤王的军队站在了同一战线上。而且，申侯的军队在城内起到了接应的作用。很快，犬戎溃败，首领突乌侥幸逃脱。在这场战役中，秦国因为距离镐京很近，秦襄公比他诸侯国抢先赶到，为此立了大功。周幽王的一些旧部将褒姒的儿子推上王位，即周携王。

申氏的后代宜臼，也在诸侯王们的拥戴下，自立为周平王。周平王即位后决定将都城迁往洛阳。一方面，西部地区的少数民族活动越发频繁，向东迁都可以预防西戎偷袭；另一方面，镐京经过此前一战后，早已破败不堪。

这样，周王室又有了新的君主，而且是两位。秦襄公经过深思后，并没有先着急投奔哪一位，而是先稳住阵脚，用和亲的政策拉近与西戎之间的距离，稳固自身地位。对西周的残余势力做出分析后，秦襄公再三权衡，决定护送周平王前往洛阳。周平王将都城东迁至洛阳，史称东周。周朝分成了东周和西周，于是就形成了二王并立的局面，后以周携王被晋国君主杀死而告终。

秦襄公因在周平王迁都的时候为其保驾护航而立功，被周平王封为诸侯，并赐给他岐山以西的土地。并说："犬戎凶恶无道，掠夺我们岐、丰的土地，只要秦国能攻打并赶走西戎，就可以占有那些土地。"虽然要经过艰苦的战争才能得到这块土地，但秦襄公依然觉得是非常值得的。

秦襄公回到秦地后，迅速整顿自己的军队，准备征讨西戎部落。经过一段时间休整后，秦襄公带领着装备精良的军队，向岐山地区进发。在攻打西戎的时候，秦襄公不幸去世。虽然获得土地的心愿没有完成，但获封诸侯国这件事情，使秦国初步跻身于诸侯国行列。

◢◣ 局势分析 ◢◣

世父的失误一度令秦国陷入危难，但秦襄公在谋士居安的辅佐下，利用分化西戎的策略，顺利救出了世父，并暂时与犬戎休战。此举正好赢得了休整和发展的机会。而就在此时，西周发生了一件大事：申侯联合犬戎掀起叛乱，周幽王和太子伯服被杀，秦国被邀请对犬戎宣战。

在这千钧一发之际，秦襄公并没有乱了阵脚，经过一番权衡后决定出兵勤王，全力支持新君周平王上位而被封为诸侯，从此秦国正式与各诸侯平起平坐了。

可别小看了这个平起平坐，这说明从此以后秦将享受与鲁、齐、郑、卫等大诸侯国一样的权利。当然，也得承担一定义务。权利包括祭祀的规格、加入联盟、外交上的平等，以及在朝中的地位等。这样的封赏，就是秦襄公当初与居安一起确立的发展目标之一。因与中原诸侯地位平等，就可以在东边依托周王朝和各诸侯国，逐步建立起一个稳固的东部环境。这也意味着从此以后，秦国能够得到大量资源，也为以后东进奠定了基础。严格意义上讲，秦从这时才能够真正被称为"国"，这应是秦正式立国了。

◢◣ 说点局外事 ◢◣

古代文献记载："秦筑长城、起骊山之冢。"最初，长城是各种独立的关城、隘口、垛墙、烟墩、楼堡等。秦始皇统一中国后，就将诸侯中燕、赵、秦三国北边的关隘、边墙、烽火台相连，其他如齐、魏、楚长城，便任其自生自灭了。以骊山烽火台来看，周朝时，有的地方就属于秦国的烟墩（烽火台）。因此，骊山烽火台属于长城最早的开端。

美丽的褒河河东店镇，地处陕西汉中市汉台区北大门，东望城固，北依留坝，西邻勉县。是一笑断送周幽王大好河山的美女褒姒故里。这里有被称为"世界第九大奇迹"的褒斜道，有世界最早的人工车隧道等，旅游资源丰富。

秦文公迁都陈仓

秦襄公去世后，他的儿子秦文公即位。接过重担，秦文公继续着父辈的事业。秦襄公的教训告诉他，秦国如今的实力还不能够与西戎相抗衡。于是他选择更长时间的韬光养晦，迁都陈仓后，实行了很多富国强兵的政策，不断增强自身力量。以待时机成熟，与犬戎决一生死。

秦文公统治时期，西戎的势力不断发展壮大，秦被西戎包围，时常受到西戎侵扰，秦国百姓深受其害，但也无可奈何。

为摆脱四面受敌的被动局面，秦文公决定进行战略转移。但他深知，如果轻易宣告迁都，一定会引起内部争议，从而让西戎部落有了可乘之机。因此，虽然打定了迁都主意，但密不宣旨。公元前763年，秦文公借打猎的名义出去，为新都城选址进行考察。经过一年时间的考察，最后选定了地处渭河平原西部的陈仓这样一个能作为战略防御阵地的地方。这里气候温和、土地肥沃、物产丰富。东边有汧河作为天然屏障，能抵御三田寺原的犬戎势力侵扰；向西是汧渭之间的大夹角地带，是秦人固有的根据地，秦文公打算在这里养精蓄锐，做好战略储备。公元前762年，秦文公在这里发布宣言说："从前，周朝将这里赐予我的祖先秦嬴作为封邑，后来我们终于成了诸侯。"然后，秦文公请了占卜，算了算是否适合在此居住，占卜的结果是吉利。秦文公听后大悦，于是，就在此建造城邑，建造完工后，秦文公便将都城由西垂宫迁至陈仓。

公元前756年，秦开始建造用以祭天地的鄜時（在今陕西省富县）。公元前753年，开始设立史官，以记载所发生的大事，开始着手教化百姓。秦国百姓因处西戎之地，民风强悍，争强好斗。经教化后，秦国的民风有了很大改观。

经过十几年的休养生息，秦文公自认为秦国实力大增，并且他始终认为犬戎是秦国的心腹之患。于是，在公元前750年，秦文公发兵征讨西戎，大军所到之处，西戎纷纷败逃。接着就收留周朝遗民归秦所有，并将地盘扩展至岐山。为不引起周王室怀疑，秦文公将岐山以东的土地献给了周天子。

公元前 747 年，一位居住在陈仓的猎人捕获到一头神兽。从外形上看与猪相似，但不知道它的名字，猎人将神兽献给了秦文公。秦文公询问大臣，却无人知道它的来历。此时，突然有一男一女两小孩结伴而来，两小孩见大家满脸疑惑，忍不住笑了起来。秦文公立刻上前请教："你俩为何发笑？难道你俩知道它的来历？"两童子答道："此兽名媦，常在地中，食死人脑。"秦文公听后，准备将这个怪兽杀死，于是用重物砸大怪兽的头。或许是为了报复两童子说出自己的来历，怪兽竟然开口说话了："二童子名陈宝，得雄者王，得雌者霸。"陈仓人立刻去追两童子，只见两童子化作野鸡向天空飞去。女童飞得慢，飞到陈仓北阪化作一块宝石，陈仓人捡到后献给秦文公。秦文公认为这是一个吉兆，于是派人盖了一个庵堂专门祭祀这个宝物。因为此宝得自于陈仓，故曰"陈宝"。

公元前 746 年，秦文公设诛三族的刑罚。公元前 739 年，在秦国雍南山发现一棵大梓树，树干笔直，树围粗大。秦文公见这棵树材质极好，就派人去砍伐。但每次砍伐的时候，就会刮起旋风，下起瓢泼大雨，使砍伐被迫中断。而到了第二天，被砍开的枝干又会很快合拢。有一天，秦文公的属下下山就医回来时已近傍晚，因实在太疲惫了，于是就在这棵大梓树下歇息。半夜，就在他半睡半醒的时候，听到山鬼和树神在对话。山鬼说："如果秦文公懂得让人披头散发，手拿红丝线把树干围起来再砍伐，你就倒霉了！"树神听了，深深叹了口气说："如果真是这样，我就没办法了。"

第二天，那位夜里在树下歇息的人将听到的山鬼与树神的对话告诉了秦文公。秦文公听后大喜，便让几个武士用红丝线将大梓树的树干围起来，然后披头散发开始砍伐。果然，砍伐不到半天时间，眼看大梓树就要倒下了。就在这时，从树干中竟然跑出一头大青牛，径直奔向丰水，俨然不见踪影。

不久，秦文公就听说有一头大青牛经常上岸侵扰百姓，于是派武士击杀大青牛，但均以失败告终。正当一筹莫展之时，恰巧有个武士在和大青

牛激烈搏斗中不慎将自己的发髻弄散了，头发顿时披散开来。大青牛一见披头散发的武士，吓得一溜烟逃回河中，再未露面。秦文公因此顿悟，便在丰水边上竖起了一根旗杆，在旗杆上挂了一大束散开的头发。从此，大青牛再也没有上岸侵扰百姓。

局势分析

秦文公在位时期，建造城邑；设史官以纪事；击败西戎，收编周朝遗民，扩地至岐以西；制定罪诛三族的刑法；使百姓受到教化，并凭借陈仓的有利位置，使秦国的整体实力实现了质的飞跃。

秦文公是秦立国于西垂的第二个国君，也是先秦最有作为的侯王。秦文公恢复领地，扩大势力范围，教化民众，建立法度，初有史记事。文化教育极为发达，社会较为安定。从西垂地域内出土的大量器物、碑文、簋、壶等文物考证，自大骆至非子，西进到秦文公四年（公元前762年）迁都关中，有十四代秦人世以天水为据点，艰苦创业，终于跻身诸侯，东进关中，开创霸业。

说点局外事

陈仓，古称西虢。是周文王异母弟虢仲的封国，亦称西虢。秦武公（公元前687年）设虢县，是我国建立最早的第三个治县，秦孝公（公元前361年）设陈仓县。

陈仓历史悠久，文化积淀深厚，是周秦文化的发祥地。川原名胜古迹星罗棋布，西山自然风光美不胜收，人文资源与自然资源交相辉映，历史文化与民俗风情互为补充。西镇吴山自古以来被历代皇帝视为镇国靖朝之灵山，是吴姓氏族的发源地，享有"五峰挺秀，二华同高"之美称；大水川高山草甸景色秀美，四季如画；灵宝峡状如巨壁逼空，雄伟壮观；九龙山九峰汇集，似九龙腾空；渭水北塬磨性山为邱处机磨性成真之地，翠柏苍苍，境界清雅；禅龙寺始建于隋，兴盛于唐，属皇家寺院，千佛殿宏伟壮观，系西北第一。

秦穆公终成霸主

秦穆公是秦国历史上一位有作为的君主。在位期间，审时度势，在内政方面善于任用人才，加强国内发展。在外交方面采取以和为主的方针，与晋国保持相对友好，同时向西发展，使十二个戎国服于秦国，使疆域增加周边千里，称霸西戎，并被周襄王赐予金鼓。

秦穆公是秦德公的三儿子，他继承了兄长的事业，继续为秦国称霸不断奋斗。而此时的周王室已经成了一个空架子，在各诸侯国眼中已不再像先前那般高高在上了。各诸侯国对周王室早已虎视眈眈，都想趁机夺得更多土地，建立自己的霸业。

秦穆公的父兄，经过一番休养生息后，已经为秦国的发展壮大奠定了良好基础。秦穆公只需找准机会，便能一飞冲天。

当前局势是：中原由晋、楚、齐三国称霸，对此形势，秦穆公心里很清楚，此时的秦国根本不具备与这些霸主相抗衡的实力。他要做的只能是先向东扩展自己的势力范围，而向东发展就要面对晋国，因此，如何与晋国相处，就成了秦穆公面临的难题。

与邻国联姻，常常是秦国惯用的手段。秦襄公统治时期，秦人就是通过联姻，维持了与西戎的友好关系，从而获得了休养生息的机会。秦穆公反复思考后，决定继续沿用先辈的策略以应对东进问题。

秦国将秦、晋之间的犬戎势力击溃后，提出了要与晋国联姻的请求，而此时的晋国，虽然还保持着中原霸主的地位，但国内矛盾不断，加之秦国地处西部地区，经过近几十年的发展，实力已不容小觑，为了维持西部地区的安定局面，晋献公同意将女儿嫁到秦国。这就是"秦晋之好"的由来。

联姻后的秦国，借助各方势力之间错综复杂的关系，努力发展自己，因而地位在众诸侯国中有所提升。而晋国国内却接连出现了不少问题。晋献公攻陷骊戎后，得到了两姐妹，其中一个叫骊姬。晋献公对其十分宠爱。而纵观前朝历史，君主一旦被女人迷惑，距离亡国也就不远了。之前的周幽王得到褒姒后，对她非常宠爱。后来，褒姒为周幽王生下儿子姬伯服。最终周幽王竟然废黜王后申后和太子姬宜臼，而立褒姒为王后，姬伯服为太子。致使申后的父亲申侯大为愤怒。周幽王十一年，申侯联合犬戎攻打周幽王，在骊山下杀死周幽王，西周灭亡。

骊姬为了让自己的儿子成为太子，设计陷害当时的太子申生。挑拨晋献公与申生的关系，致太子申生自杀身亡。之后又挑拨晋献公与其他两个儿子重耳和夷吾的关系，使晋献公攻打他们的封地，最后重耳和夷吾逃出晋国，才幸免一死。这次由骊姬引发的祸乱，历史上称为"骊姬之乱"。

晚年的晋献公因受骊姬蛊惑，没几年就死了。他去世后，大臣克里两次弑杀君王，将骊姬姐妹的儿子杀死，独揽晋朝大权，但他毕竟名不正言不顺。于是，想重新迎回重耳继位，但被重耳一口拒绝。克里又找到夷吾，希望他可以回国即位。

虽然晋国国内纷乱不断，但秦国也没有直接插手的机会。而夷吾因忌惮克里势力，唯恐自己势单力薄，于是向秦穆公请求帮助，答应事成之后，会将晋国三分之一的土地分割给秦国。秦穆公听后万分高兴，立刻将夷吾护送回晋国。

夷吾即位，即为晋惠公。晋惠公不仅没有兑现将晋国三分之一的土地分割给秦国的诺言，而且其在国内的统治也不得民心。不久，晋国又灾荒连连，秦穆公与大臣们再三商议，决定将粮食运往晋国，以解救晋国百姓。一年后，秦国也遭遇了同样灾难。秦穆公在万般无奈的情况下向晋国求救，但被晋惠公一口拒绝。晋惠公的不义之举让秦国人看清了他的真面目，于是，当度过灾荒后，秦穆公毅然决然地发兵征讨晋国。

战争开始，秦国将士个个骁勇，攻势凌厉，很快就将晋军打败并俘虏了晋惠公。此时，当初的"秦晋之好"，即秦晋两国通过联姻产生的亲情关系发挥了作用。秦穆公的妻子，也就是晋惠公的姐姐，苦苦哀求秦穆公饶过晋惠公。最后，秦穆公只好将晋惠公放了。

晋惠公回到晋国后，想通过杀死重耳来稳固王位。重耳得知此消息后仓皇出逃，他辗转卫国、曹国、郑国、楚国，但都失望而归。在此期间，晋惠公的儿子继位，就是晋怀公。晋怀公与其父亲晋惠公一样，一心想要杀死重耳，以绝后患。

秦穆公时时刻刻都在关注着晋国动向，晋怀公残暴不仁、晋国人想迎回重耳，诸如此类的事情，又让他看到了机会。秦穆公告诉重耳，自己愿意助他重归晋国。而重耳一直都在苦苦寻求帮助，听秦穆公这样说，自然是欣然答应并承诺，等事办妥，他会兑现晋惠公曾承诺的将晋国三分之一土地分割给秦国的诺言。而秦穆公也会将女儿嫁给他，以再结"秦晋之好"。

重耳回到晋国，受到百姓热烈欢迎。他将晋怀公赶出都城曲沃，自己即位，即为晋文公。晋文公文治武功卓著，开创了晋国长达百年的霸业，是春秋五霸中第二位霸主，与齐桓公并称"齐桓晋文"或"桓文"。

晋文公去世后，秦穆公觉得不能再等下去了，该对晋国动手了。这么多年来，秦国对晋国已经仁至义尽了，当初秦穆公护送晋文公回国，还将勤王的机会让给了他，要不是秦穆公的帮助，晋国哪能有现在的地位。但直接出兵晋国，则师出无名。秦穆公和众大臣经过一番商议，决定先攻打郑国。因为郑国原本的靠山是秦国，而郑穆公即位后，却逐渐倒向了晋国。因此，这次攻打郑国，晋国必定不会坐视不理，这样，秦国就可以向晋国开战了。

秦国要想攻打郑国，首先得经过晋国，这是此次战役的难点。正因如此，群臣才劝说秦穆公不能贸然出兵。正当秦穆公在想个理由来说服群臣的时候，从军队中站出来三个年轻人，他们血气方刚。领头者叫孟明视，他信誓旦旦地接受了这个任务，并承诺一定能大败郑国。与他随行的另外两人，一个叫西乞术，另一个叫白乙丙。秦穆公被他们这种士气所鼓舞，便派这三人带兵去攻打郑国。

第二年，秦军到达滑国，孟明视认为距离郑国已经不远。于是命令军队暂且停下，在滑国稍作休整。

此时，弦高出现了，他自称是郑国使者，将几张牛羊皮作为礼物送给秦军，孟明视以为郑国知道了秦国偷袭郑国的计划，于是打消了攻打郑国的念头。但秦军经过数月的长途跋涉好不容易来到了郑国边境，如果原路折返，岂不遭人耻笑？于是，孟明视当即决定攻打滑国，这样，便不算无功而返。而滑国这个小国，被秦军如探囊取物般轻易攻陷了。

秦军灭滑后，正要返回秦国。但他们意想不到的是，此时的晋国军队正虎视眈眈地注视看着他们。身为霸主的晋国，怎么能允许秦军在自己的地盘上为所欲为呢！先轸是晋国有名的军事统帅，他向刚刚即位不久的晋襄公提议，必须要给秦国一个教训。于是，晋襄公便命先轸率军，计划在晋国境内伏击秦军。

孟明视率军抵达崤山附近时，突遭晋军偷袭。令他万万没想到的是，晋军竟会如此残酷地击杀他们。此役，秦军被全歼，三位将军被俘。后来，在晋襄公的母亲，也就是秦穆公女儿的求情下，三位将军才免于一死。随后，晋襄公下令将孟明视等三人放归秦国。

先轸得知此事，认为是放虎归山，立刻派人去追三人，但为时已晚。孟明视等三人回到秦国后，秦穆公并未怪罪他们，而是将所有的责任都揽到了自己身上。经过这次教训后，孟明视再不敢贸然出兵，但时刻不忘耻辱，静待时机，准备一雪前耻。

可以说，经过这次战役后，"秦晋之好"的和平局面被彻底打破了。

公元前625年，秦穆公再次任命孟明视为领军将领对晋国开战，结果还是秦国战败。接连吃了两次败仗，损兵折将。孟明视命人把自己装入囚车，任由秦穆公发落。

结果秦穆公再一次原谅了孟明视，甚至待他比之前还要好。孟明视心存愧疚和感恩之心，发誓一定要将晋军打败，报答秦穆公的知遇之恩，更要为死去的士兵报仇。

三年后，秦军再次对阵晋军，而这一次，孟明视兑现了自己的诺言。

他率军横渡黄河后，下令将船只烧毁，然后大喊道："视死如归，必灭晋国。"此役，秦军夺回了被晋军占领的城池，秦军士气高昂，吓得晋军不敢应战，秦军大胜。

打败晋国后，秦穆公继续着自己的霸业。他兵发西戎，先将威望甚高的绵诸王俘虏，西戎受到极大震慑，纷纷归顺秦国。而西戎地区归顺秦国，标志着秦穆公霸主地位的形成和巩固。

局势分析

秦穆公在位期间，始终将人才作为立国之本。他身边的能臣诸如百里奚、蹇叔、丕豹、由余等，都不是秦国人，却能获得秦穆公的信任和重用。这些能臣尽心竭力，多谋善断，先后都助秦穆公制定各类重大国家政策。秦穆公还能够开张圣听，广开言路。例如在处理西戎问题上，秦穆公能够采用内史王廖的建议，最终兼并了西戎。

此外，秦穆公的仁慈宽容也让人敬佩。对与晋国交战失败的孟明视及其两副将，一再宽容原谅，甚至将前两次的责任都揽到自己身上，对孟明视还比以前更好。用自己的宽容大度，给了孟明视足够时间，鼓励其再接再厉，从而最终击败晋军，确定霸主地位。

说点局外事

孟明视的父亲是百里奚。百里奚本是平民出身，家境贫寒，一直很想出去干一番事业，但是家里的贤妻与年幼的儿子一直都是他的牵挂，所以只好暂时在家种田。

百里奚的妻子杜氏是个很有见识的女人，她深知丈夫的心思，也知道丈夫是因为牵挂妻儿才留在家里，于是就来"赶"丈夫。她对丈夫说："大丈夫应该出去闯荡一番，不应该守在家里，男人只有趁着年轻才更有机会干出一番大事业。您要出去就出去吧！"

百里奚因此深受感动，终于下定决心出门了，但他的仕途并不顺利。他先来到齐国和宋国，但没人赏识他。有一次，他回到家乡，得知妻子也因为没有办法生活而逃荒去了。于是他又流落到楚国，但依旧没人任用他。为了生活下去，他只能暂时为别人放牛。虽经多年流浪生活，但百里奚时刻不忘妻子，更没忘记妻子对自己的期望。

转眼间，三十年过去了。而三十年的忧患磨炼了他的意志，增长了他的见识与才干。终于，百里奚这匹"千里马"被"伯乐"秦穆公相中，于是便用五张羊皮将他从楚国换回，任为宰相。可以说，如果没有妻子当年的支持就不会有今日的百里奚。因此，他更加思念妻子，可她现在在哪里呢？

然而，让百里奚做梦都没有想到的是，他日夜思念的妻子就在自己身边。原来，他的妻子杜氏在离开家乡后，长途跋涉，一边乞讨，一边打听丈夫的消息。当她听说秦国的宰相叫百里奚，便不远万里来到秦国，在宰相府做了洗衣婆。一天，当她看到堂上站着的宰相真的与自己的丈夫十分相似时，忍不住悲喜交加。她想，宰相百里奚和她丈夫百里奚究竟是不是同一个人？如果是同一个人，他还会不会与自己相认呢？得用个方法试探一下。于是，她来到堂下，脱口唱道："百里奚，五羊皮，熬白菜，煮小米，灶下没柴火，劈了门闩炖母鸡。"

堂上的百里奚听到这几句唱词顿时愣住了，这是妻子在给自己饯行时所唱歌词！这下，百里奚再也忍不住了，随即跑到堂下，与妻子抱头痛哭！

百里奚寻明主

百里奚早年穷困潦倒，仕途多舛。在被晋国俘虏前，曾游历齐、周、虞、虢等国，这使得他对各国的民俗风情、地理形势、山川险阻等知之甚悉。为日后给秦穆公筹划东进打下了坚实基础。他以出众的才智和超群的谋略，使僻处一隅的秦国逐渐强大起来，并最终成为霸主。

百里奚是春秋时期虞国（今山西平陆北）人，虽满腹经纶但家境贫寒。在虞国根本无用武之地，在妻子的鼓励下，他离开虞国开始自己的仕途征程，那时的他已经到不惑之年。

当时，中原一片混乱，而齐国在各诸侯国中实力最强，于是，百里奚便直奔齐国寻找机会。但机会尚未找到，所带盘缠业已用光，无奈之下，他只能沿街乞讨。

有一天，百里奚在铚邑（今安徽宿州）乞讨的时候遇到了隐士蹇叔，蹇叔觉得百里奚这个读书人谈吐不凡，便将其邀请到家中。而蹇叔的家里也十分贫困，于是，百里奚就在村子里靠给别人养牛来维持生计。

公元前 686 年，公孙无知弑杀齐襄公，自立为君，并张榜公开招募贤人。百里奚原本想去应征，但蹇叔不同意，他劝说百里奚："公孙无知是非法夺权，齐国人对他不一定服气，而且被杀害的君王还有几个儿子，公孙无知的权位不一定长久，如果你辅佐于他，以后出现什么变故，必定会玉石俱焚。"百里奚听从了蹇叔的建议，没有轻举妄动。果然，没过多久，公孙无知又被别人杀死了，齐国的政局变得越发混乱。

当时，周王室的一位名叫姬颓的公子，想要招募一些善于养牛的人，百里奚又想去应征，蹇叔再次劝说道："大丈夫不可以轻易下决心为别人卖命，如果为人工作不尽心尽力就是不忠，如果和不能共事的君主在一起做事就是不明智，王子姬颓眼高手低，势必很快失败，你还是再想一想吧！"于是，百里奚听从了蹇叔的建议，又放弃了一次机会。

后来，蹇叔将他介绍给虞国大夫宫之奇，在宫之奇的推荐下，百里奚终于成为了中大夫，辅佐虞公。百里奚也希望蹇叔可以与自己一同在虞国做官，蹇叔却说："虞公眼高手低、刚愎自用，并不是有所作为的人。"所以，他毅然拒绝了百里奚的引荐，选择继续隐居在村子里。

果然，虞国很快陷入危机。公元前 655 年，晋国想要借道虞国来攻打虢国。

晋献公派人送给了虞公很多礼物，虞公十分动心。大夫宫之奇劝说虞公："君侯不要答应晋国，晋国灭虢之后，一定会顺便灭掉我国，希望君侯三思而行。"虞公因为一时贪图晋国送来的礼物，根本听不进任何进谏之言，还是答应了晋国。很快，晋国在灭掉虢国之后，就转而攻打虞国，宫之奇提前逃脱了。而百里奚感激虞公知遇之恩，不愿意跟随宫之奇离开，选择留在虞国继续周旋，虽然保住了虞公性命，但虞国依旧被灭国了。

晋献公看重百里奚的才干，希望他可以到晋国辅佐自己，但百里奚毅然拒绝了晋献公的邀请，他说道："我之前因不明智才去辅佐虞公，现在又怎么可以抛弃虞公去辅佐其他的君主呢？在虞公去世之前我是不会考虑到其他诸侯国做官的。"就是这番话彻底激怒了晋献公，正好当时秦晋交好，秦穆公来晋国求亲，晋献公就将百里奚作为女儿的陪嫁一并送到了秦国。

送嫁途中，为了逃脱，百里奚想尽了一切方法，最后终于成功了。逃脱后，他本来打算去投奔蹇叔，因不识路，并且还得不时躲避追兵，于是，急匆匆地逃到了楚国的苑城，却被误认为是宋国派来的奸细而被抓获。百里奚辩解说自己是虞国人，因为避难才来到这里。在这里，他看到当地人主要以狩猎和畜牧为生，就自荐是养牛高手，楚人这才答应让他留了下来。不久，百里奚善于养牛的名声就被传到楚成王那里，楚成王任命他为养马的负责人，负责在南海地区牧马。

当时，秦穆公也知道了陪嫁的百里奚在楚国牧马十分成功，于是就想要花大价钱雇佣百里奚。大臣公孙枝却建议秦穆公说："楚王之所以让百里奚牧马，是因为他不知道百里奚有治国之才，如果大王现在花大价钱将百里奚赎买来，不正好提醒楚王吗？大王还不如以百里奚逃脱之罪，出贱价把他买回来，这样就不会引起楚王的注意了。"秦穆公听后十分高兴，就用五张羊皮向楚成王赎买了百里奚。楚成王虽然十分欣赏百里奚养马的才能，但是也不敢因为一个牧马人而得罪秦穆公，只好将百里奚交给了秦国。

秦穆公特意派遣公孙枝迎接百里奚入秦，并且向他咨询国家大事，百里奚婉言推辞道："我身为亡国之臣，是不值得被询问的啊？"秦穆公说：

"虞国被灭，罪不在你，只因虞公不听良臣谏言，才步入灭国境地。"秦穆公的这番话，深深地打动了百里奚，于是，他和秦穆公倾心畅谈达三天之久。

秦穆公问他："秦国僻处一隅，不方便参与中原会盟，要怎样做才可以不落后于中原各诸侯国呢？"百里奚回答道："因秦国僻处一隅，不方便参与中原会盟，也就不必为此费神耗力，就可以集中精力建设好自己的国家。西戎总共不过十几个国家，秦很容易就可吞并之。秦国现在占据岐雍之地，地势险要，此乃周朝发源地。因周王无法收复此地，故白白送给了秦国，对秦而言，这是天大好事。目前，最重要的就是竭尽全力将此地经营好，服从秦国的，以德抚之，不服从秦国的，以武攻之。等经营好这块地方之后再专心对付中原。"秦穆公听到百里奚的这番话，霎那间醍醐灌顶，随即让百里奚主持政事。

秦穆公本来想拜百里奚为大夫，结果被百里奚拒绝了。他说："我比不上我的朋友蹇叔，天下人并不知道蹇叔的才能，我曾经在齐国乞讨的时候，被蹇叔收留。原本，我想去辅佐公孙无知，蹇叔劝我不要去，救了我一命；之后，周王子姬颓招募贤士养牛，我原本要去应征，是蹇叔劝我不要去，再一次救了我。紧接着，我想去辅佐虞公，蹇叔再次劝阻我，他知道虞公不会重用我，但我为了一己私欲，还是去了，结果虞国遭遇了灭顶之灾。我两次听从了蹇叔的话才保全了性命。最后一次因为没有听他的，就遭遇了劫难。这足以看出蹇叔的才能了。"秦穆公听后十分惊讶，立刻命人去迎接蹇叔，并拜他为大夫。

从此，百里奚与蹇叔就成了秦穆公的左膀右臂，他们为秦穆公建立霸业立下了汗马功劳。

百里奚主持秦国国政期间，秦穆公"三置晋国之君"。秦穆公首先帮助逃亡在外的晋惠公返回晋国登位，晋惠公原本答应要送给秦国土地作为酬谢，结果回国之后却反悔了，不但没有兑现诺言，反倒趁秦国饥荒之年攻打秦国，结果反被秦军打败，晋惠公被俘。不过，在百里奚劝说下，秦穆公还是放晋惠公回国了。没多久，晋国闹饥荒，秦国有大臣建议趁此机

会攻打晋国，百里奚劝说道："每一次国家都会发生天灾，救助邻国才是人道之举。"于是，秦穆公听从百里奚的建议，运送粮食到晋国，帮助晋国度过灾难。这一举动不仅挽救了晋国百姓，也树立了秦国威信。晋惠公去世后，百里奚建议秦穆公帮助另外一位逃亡在外的晋国公子重耳即位，重耳就是后来春秋五霸之一的晋文公。

公元前 632 年，在百里奚的建议下，秦穆公会晋救郑，解除了郑国的危机。

此外，百里奚还辅佐秦穆公教化天下、勤修国政、安抚境内各族、施恩德于诸侯，为秦国树立了美名与威信，吸引着各诸侯国为秦朝送来朝贡之物。其中，西戎的小国也派遣由余入秦，而由余成为了帮助秦穆公称霸西戎的关键性人物。

公元前 627 年，秦穆公想要越过晋国攻打远方的郑国。在进攻之前，百里奚与蹇叔一致反对。百里奚直言道："袭击一个国家的城池，一定要在车行距离不到百里地，人行距离不到三十里地的范围内，这样才可以保证士卒们有充足的精力作战，而迅速消灭敌人。可是，现在大王要行军千里，而且要跨越别国来攻打另一个国家，臣认为这样是不可行的。"但是，秦穆公一心想要灭掉郑国，根本听不进百里奚的话，还是坚持让百里奚的儿子孟明视、蹇叔的儿子白乙丙率兵出战。百里奚与蹇叔哭泣着说："我们可以见到军队出发，却无法见到他们回来了。"秦穆公大怒："仗还没有打，你们为什么现在就为我们的军队哭丧呢？"百里奚说："我不敢为军队哭，我们是在为我们的儿子哭，他们也要与军队一同出征，我已经老了，这一次不是他死就是我死。"接着，百里奚对儿子说："晋国如果阻碍秦国，一定会在崤山附近，所以，如果你死了，尸骨不在南岸，就是在北岸，这样我为你们收尸也比较方便。"

第二年，秦国果然在崤山遭遇了晋襄公的埋伏，全军覆没，只有两位主将逃了回来。秦穆公亲自穿着孝服迎接了他们，懊悔地说道："这件事的过错在我，是我固执地不听从百里奚与蹇叔的警告，才让你们受尽了屈辱。"从此无心东进，全力经营秦国。

局势分析

百里奚身为秦国的一代名相，七十多岁的时候才遇到人生中的"伯乐"秦穆公，且从此一发不可收，在他的辅佐下，秦穆公最终成为春秋五霸之一。由此可见，百里奚在秦国的历史上具有不可忽视的地位。

当秦穆公用五张羊皮将百里奚从楚国赎买回来欲拜其为大夫的时候，他毅然拒绝，而举荐了对自己有救命之恩的知己蹇叔。作为秦穆公来说，其爱才之心让他不愿意放过任何一个人才，有了一个百里奚，还带来了一个蹇叔，秦穆公何乐而不为呢？此后，百里奚与蹇叔就成为了秦穆公称霸之路上的左膀右臂，帮助秦穆公打下了天下。

而五张羊皮的买卖也再一次证明了秦穆公是一个爱惜人才的君主。自古以来，善用人才者就没有不成功的。所以，如此爱惜人才的秦穆公也一定会有一个好的结局。

说点局外事

百里姓源出有二：

其一：出自姬姓，是以封地的名作为其姓氏。周朝时期，在虞国有姬姓人，进入秦国之后，就授予了百里作为采邑，其子孙后代就以封地名作为姓氏，称为"百里氏"。

其二：奚也是来自于姬姓，为春秋时秦国大夫百里奚的后代，以祖名为氏。周朝初期，周武王封周太王古公亶父的次子虞仲的子孙在虞国。春秋时期，虞仲有一个后人的名字叫奚，因为居住在百里乡，又称百里奚。公元前655年，虞国遭遇灭国之后，百里奚和虞君都成为了晋国的俘虏，过着奴隶般的生活。后来，秦穆公听说百里奚有才能，就封他为秦国的大夫。百里奚的后代子孙就以他的名字命姓，称百里氏。

商鞅变法

公元前 621 年，晋襄公之子晋灵公继位，而晋国的老臣们对这个年幼的君主没抱多大希望。

没过多久，晋国的两位大臣先蔑和士会便来到秦国求助，他们压根就不相信一个小孩子能执掌好晋国政权。于是，想邀请在秦国做人质的公子雍回晋国继承国君之位。与此前的秦穆公一样，秦康公认为这是一个插手邻国事务的好时机，于是就派人送公子雍返回晋国。

在护送过程中，原本是由晋国将军赵盾来迎接秦军的。而赵盾内心对秦军极度不满，正好假借迎接之名，在半路偷袭了秦军。秦康公知道这件事后，十分愤怒。六年后，秦康公亲率大军征讨晋国，秦军上下群情激愤，士气高昂。晋国大臣臾骈对当时形势进行了详细分析，认为秦军孤军深入，一定经受不住长期的消耗战。于是，秦军主帅赵盾决定避而不战。

逃亡秦国的士会告诉秦康公，这样长时间耗下去必遭失败，必须想办法让晋军开门迎战。这时，士会想到了要利用赵穿。于是，秦康公让士兵不断刺激赵穿，目的是想让赵穿开门迎战。赵穿果然上当，独自带兵迎战。原先设想的是一场大战，因双方皆用兵谨慎而未分胜负，便各自退兵。

不久，秦康公亲自写了一封战书给赵盾要求开战。而这封战书实际上是秦康公的缓兵之计。他知道，经过一段时间消耗后，并不一定完全有把握打赢这场仗，而他要的是趁机撤兵回国。

晋国大臣臾骈猜透了秦康公的心思，一再建议赵盾应该抓住机会给秦兵以沉重打击。可未等赵盾出门，他就被赵穿挡在了门口，赵穿认为此计非君子所为。

由于赵穿阻拦，晋军延误了战机。到第二天，他们发现秦军早已不见踪影，秦康公果然率秦军撤走了。赵盾此时后悔万分，可秦军业已撤走，晋军也只好悻悻而归。秦康公统治期间，与晋国的战争连绵不断。而连年战争导致劳民伤财，使国内经济未能得到发展，百姓苦不堪言，纷纷感叹

"秦国无道"。

秦康公去世后，秦共公、秦桓公相继即位。虽然秦共公没有什么值得称赞的成就，但是秦桓公的成就却不容小觑。

秦桓公在位的前几年，虽然没有足够实力与身边大的诸侯国相抗衡，但在此期间，楚晋之争达到了顶峰。而争霸过程的关键一战，就是鄢之战，此战晋军战败，从此失去了原有的霸主地位，被楚国取而代之。

公元前580年，晋厉公请秦桓公到令狐之地会盟，希望两个国家能够忘记恩怨，重修旧好，从此休战。秦国的君主并没有远赴盟会，所以会盟并没有取得实际的意义。不久，秦桓公就背弃了盟约。

失败之后的晋国已经毫无能力再与楚国相抗衡，但是攻打秦国还是有一定优势的。于是，晋国与周边的几个小国联合起来，一同讨伐秦国。公元前559年，双方在麻隧开战，最终秦军战败。这一次战争双方的兵力规模都很大，史称"麻隧之战"。

秦桓公之后，诸位秦国君主的统治，更是让秦国国力逐渐衰退。秦厉公时期，正值韩、赵、魏三家分晋，虽然政局相对稳定，军事也有所发展，但是都不能够与秦穆公时期相比。在此期间，魏国任用贤臣李悝、吴起等人进行改革，国力逐渐强盛起来，作为邻国的秦国，也只剩下被动挨打的份儿了。

秦献公即位之后，奋发图强，不断改革内政。他结束了殉葬制度，统一编制户籍，把边境地区改成县，推广春秋时期兴起的县制。这一时期，工商业得到迅猛发展，国家从中获得税收，以此增加国库收入。为了避免邻国侵扰自身的发展，他将都城从雍东迁入远离关中西部的地区。

此后，秦献公对韩、魏两国出兵，多次获得胜利。后来韩国、赵国、魏国混战，秦国抓住机会袭击魏国，在魏国的石门大败魏军，夺得庞城，将公叔座俘虏，史称石门大战。经过数十年，秦献公终于重振了秦国的国威，提高了自身的外部形象与经济实力，为秦孝公的变法奠定了基础。

秦孝公是秦献公的儿子，他即位时还年幼。虽然如此，但是秦孝公却立誓要改变秦国当前的局面，让秦国重获霸主的地位。因此，他在位期间勤政爱民，广施仁政，改革变法，与此同时，在全国范围内选拔人才。也就是在此时，商鞅出现了，商鞅的变法改革对于秦国的壮大与发展起到了决定性的作用。

商鞅原名公孙鞅，是战国时卫国的公子，又称卫鞅。虽然出身贵族，但由于是卫王的姬妾所生，商鞅并没有受到卫王的重视。他从小好学，胸怀大志，受到诸子百家的影响，渐渐形成了自己的一套思想体系。

公元前359年，在秦孝公的大力支持下，商鞅变法轰轰烈烈地开始了。变法的内容涉及军事、农业、法令等多方面。譬如，颁布法律，编定户籍，制定连坐法；重农抑商，奖励耕织，特别奖励垦荒；设立郡县，加强中央集权，禁止私斗；奖励军功，废除旧的世卿世禄制度。这些变法的内容都颇具代表性，但是这一次变化涉及到了秦国贵族的利益，让变法受到了诸多阻碍。在处理这些阻碍的时候，商鞅采取的对策相对"血腥"。当时的太子是嬴驷，其两位老师都是守旧的贵族，因为不服从变法，甚至聚众闹事，在这种情况下，商鞅并没有顾及谁的颜面，一个被割了鼻子，一个脸上被刺字。因为这件事，太子嬴驷与商鞅两人之间的矛盾便产生了。

大权在握的商鞅在秦孝公的大力支持下，才将变法顺利地推行下去。此后，商鞅又进行了第二次变法。这一次的变法承认了土地私有制，统一了度量衡，按户按人口征收赋税，革除了残留的戎、狄风俗，并迁都咸阳。

经过两次变法后，秦国上下有了很大改观。秦国逐渐强盛起来，百姓丰衣足食，不再有人靠偷盗来维持生计。更重要的是，百姓都愿为国效力，秦国的军事实力得到很大提升。经过变法的秦国，国内形势趋于稳定。这让秦孝公有时间、有精力来逐个审视秦国周边实力相对较弱的诸侯各国，最终，他将目光集中在了魏国身上。

而此时的魏国实力已经大不如从前了，面对秦这个如狼似虎的国家，不再投以蔑视的目光，不仅各诸侯国对秦刮目相看，就连周天子也对秦投来赞许的目光。

秦孝公在位四年的时间里，秦国与韩国交战，取得一定的胜利成果。四年后，魏国与赵国开战，秦国趁此机会从后方对魏国展开偷袭，又取得决定性胜利。此后，魏国为防备秦国进攻，在边境上修筑了长城。同年，赵国派精兵对魏国的附属国卫国展开进攻。魏国为此围困赵国都城邯郸，秦国趁此机会又偷袭魏国，在元里（今陕西澄城）大败魏军，攻陷魏国的少梁（今陕西韩城南）。

之后，秦国趁魏国与齐国交战之际，再一次攻入魏国的都城安邑。魏国经过一次又一次的失败，已再无实力与别国交战，只能休战议和。但秦国并未给其喘息机会，公元前351年，秦国在魏国的固阳与魏军交战，再次取得胜利。

公元前340年，齐国和赵国再次联手击溃魏国。秦孝公抓住这次机会，对魏国西侧展开偷袭。这一次与魏国交战的秦军主帅是商鞅，商鞅与魏军主帅公子卬很早以前就认识，而且公子卬对商鞅十分信任。于是，商鞅利用这一点，将公子卬诱骗出来，趁机将公子卬抓获。商鞅趁乱袭击魏军，魏军因失去公子卬只能被动挨打。商鞅因此立下战功，地位不容动摇。

不过，商鞅在推行变法期间，得罪了很多贵族。秦孝公去世后，商鞅就彻底失去靠山。不久，孝公的儿子嬴驷即位，嬴驷即位后的第一件事就是抓捕商鞅。商鞅意识到自己性命难保，于是，想办法逃出了城。结果投宿客栈时，被店家拒绝入住。没想到，商鞅自己制定的律法，最终却害了自己。他逃往魏国，也被拒绝入境。

最后，他只能回到自己的封地，准备率领家里的仆役和士兵来对抗嬴驷的军队。被公子虔诬为谋反，战败死于彤地（今陕西省渭南市华州区西南）。尸身被运至咸阳车裂，全家被杀。

局势分析

商鞅虽然惨遭杀害，但是他的变法却已经深入人心，新法根基也没有因为他的惨死而动摇分毫。甚至秦王朝建立以后，很多商鞅变法的措施都被编入了秦朝制度之中。由此可以看出，商鞅变法的确具有历史进步意义。

具体来说，商鞅变法的意义与影响如下：

商鞅变法主要以推行重农抑商、实行法制、建立郡县制、废除井田制、奖励军功、统一度量衡等为主要内容，还制定了一系列的优惠政策，例如减轻赋税，免除徭役等。同时，对于其他可能对农业生产产生影响的社会活动加以抑制，例如，禁止商人买卖粮食、适当提高酒肉等的税额，加重商人的赋税等，至于奢侈品的生产和销售，更是遭到了严令禁止。

商鞅变法第一次以法律的形式废除奴隶制的土地制度，开阡陌，真正肯定了封建土地所有制的合法性；打破了奴隶主世袭贵族的特权，确定了封建等级制度，壮大与发展了地主阶级政治势力；中央集权的实行，巩固了地主阶级对于劳动人民的统治；发展了封建经济，在一定程度上壮大了地主阶级的力量。

在秦孝公的支持下，变法政策得以顺利实施，让秦国从落后的国家，一跃成为"兵革大强，诸侯畏惧"的强国，出现了"家给人足，民勇于公战，怯于私斗，乡邑大治"的局面。

说点局外事

21 岁的秦孝公即位后，面对衰弱的秦国，又会做出怎样的举措呢？

《史记·秦本纪》记载：孝公于是布惠，赈孤寡，招战士，明功赏，下令国中曰：

"昔我缪公自岐雍之间，修德行武，东平晋乱，以河为界，西霸戎翟，广地千里，天子致伯，诸侯毕贺，为后世开业，甚光美。会往者厉、躁、简公、出子之不宁，国家内忧，未遑外事，三晋攻夺我先君河西地，诸侯卑秦，丑莫大焉。

"献公即位、镇抚边境，徙治栎阳，且欲东伐，复缪公之故地，修缪公之政令。

"寡人思念先君之意，常痛于心。宾客群臣有能出奇计强秦者，吾且尊官，与之分土。"

这段话的意思是：

"在此之前，我们的缪公处于岐山、雍邑之间，振兴武力、实行德政，一举平定了东面晋国的叛乱，疆土扩展到黄河一带；击败犬戎与西面称霸，拓展疆土达到上千里，天子赐予霸主称号。诸侯各国前来祝贺，而这也为后世的基业，创造了良好的基础，最终得以盛大辉煌。但是就在厉公、躁公、简公、出子的时候，接连几世不得安宁，国家内有忧患，没有时间考虑国家以外的事情，结果让晋国有了可趁之机，一举攻夺了我们先王河西的土地，诸侯也都鄙视秦国，没有任何耻辱能够与之相比了。

"献公即位后，安定边境，将都城迁往栎阳，而且一心东征，期望收复缪公时期的原有疆土，重修缪公时的政令。

"我缅怀先君的遗志，心中时常感到痛心。宾客与群臣之中谁可以献出高明之计，让秦国得以强大，我一定会让他做大官，并且给予封地作为赏赐。"

商鞅正是因为听说秦孝公颁布这样一个命令，才来到秦国，成为了秦孝公的左右手。

第二章 乱世之争，谁主沉浮

合纵连横运动

秦孝公去世后，太子嬴驷即位，是为秦惠文王。秦惠文王统治期间，任用公孙衍、张仪、陈轸等能臣，他们奔走于诸侯各国间进行游说，目的是为秦国争取更大利益，将秦国发展的更加强大。

秦国经过变法，国力逐渐强盛起来，成为东方六国的共同威胁。于是合纵便成为六国合力抵抗强秦之策略。而连横则是六国分别与秦国联盟，以求苟安。秦国的连横活动，目的是破坏六国间的合纵，以孤立各国，最后各个击破。

最早提出合纵的人是公孙衍，与最早游说连横的张仪都是魏国人，但两人却是一对冤家。开始，公孙衍在秦国担任大良造一职，可是，后来的秦惠文王转而对张仪信任有加，用张仪取代了公孙衍。张仪成为宰相后，倡导连横的策略，公元前323年，邀约齐国与楚国的大臣秘密相会，试图联合齐国与楚国向魏国发动进攻。公孙衍被解职后回到魏国，被魏惠王任命为相。从此，公孙衍就开始处处与张仪作对，甚至针对张仪的举动，建议魏惠王广结友国，抵抗秦国。

于是，就在秦国、齐国、楚国相会的那一年，魏国相约赵国、韩国、燕国与中山共同称王，史称"五国相王"。在这五个国中，魏国与韩国实际上早就已经称王，这一次集会只是结识新的赵国、燕国与中山为王，并且五国相互称王。魏国用发起相王、承认一些国家称王的方法组成了联合阵线。

"五国相王"是魏国结盟自强的最大胜利，这让齐国无比担忧。它担心魏国会借着这股联盟的力量，对自己不利，于是不断从中作梗。但是，齐国两次设计破坏五国联盟，都未能得逞。之后，魏王的合纵被楚国的突然进攻彻底打乱了。就在北方五国相王的那一年，南方的楚国向魏国发动了猛烈进攻，楚将昭阳在襄陵大败魏军，夺取了八个邑，眼见就要败给楚国，魏王转而听从了张仪的主张，将公孙衍抛到了一旁。

公元前 322 年，张仪来到了魏国，向魏惠王提出了联合秦国、韩国而攻击齐国与楚国的策略，魏惠王经过一番思索之后，认为很有道理，就任命张仪为宰相，之后，诡计多端、巧舌如簧的张仪，表面是要联合秦国、韩国攻击齐楚两国，真正的目的却是要魏国为秦国做事，于是，各路使者纷纷效仿。这样的情况发生令公孙衍十分恼火。公孙衍忙不迭地出来阻拦，到韩国通报说："秦国、魏国联合，魏王倚重张仪，目的就是谋图韩国，如果韩王可以倚重我，那么，秦国、魏国的连横策略就会遭到破坏。"

韩国大臣公叔对公孙衍十分欣赏，便让公孙衍在韩国担任要职。同时，齐国与楚国也想到了秦国与魏国的联合会对自己不利，就出面反对张仪，支持公孙衍担任魏相，不久，魏惠王也发现了张仪的真正目的就是要自己投降秦国，逐渐对张仪产生戒备，不愿意再与秦国联盟。见魏惠王不肯就范，秦惠文王便要出兵攻打魏国。

秦国咄咄逼人的东进势头，让东方各诸侯国心惊胆战，于是纷纷支持公孙衍的合纵之策。齐国、楚国、燕国、赵国纷纷重用公孙衍，邀请他去参与各个国家的决策大事。魏惠王见此，也将张仪驱逐回秦国，让公孙衍复出，主持朝政大事。可以说，现在的公孙衍志得意满，佩戴着五国的相印，推动合纵运动的激情更强烈了。

公元前 318 年，也就是魏国以公孙衍代替张仪为相的第二年，赵国、楚国、魏国、燕国、韩国五国联合起来抵抗秦国，并且推举楚怀王为盟长。但是，实际出兵与秦国交战的，只有魏国、赵国与韩国三个国家。讨伐秦国的联军进入函谷关的时候，遭遇到了秦兵的当头棒喝。由于联军的组织十分松散，很快就败下阵来。第二年，秦国又在修鱼（今河南原阳县西）给了联军沉重一击，一举斩杀了八万将士，五国联合，合纵攻秦的战略宣告失败。

公元前317年，秦国想要攻打齐国，齐国就与楚国合纵相亲，于是张仪跑到楚国进行活动，设法将齐楚联盟拆散。可以说，张仪是战国游说之人中最典型的一位。

这一次，张仪以秦相的身份来到楚国，对楚怀王说："我们秦王最憎恨的就是齐国，最尊敬的就是大王您了。当然，我张仪也是如此。大王您如果能够断绝与齐国的关系，秦国愿意以商於之地600里赠给大王，并且将秦国的美女嫁给您作为姜室，这样，秦国与楚国依旧是兄弟，以后也永远不会再发动战争。"

楚怀王一听，不仅可以得到土地，还可以享受太平，最后还能有美女入怀，这真是天上掉馅饼的好事情，于是点头答应。但是陈轸的心里总是惴惴不安。陈轸说："大王，在我看来，商於一带的土地我们未必可以得到，最重要的是，如此一来，秦国与齐国反而可以联合起来，如果齐国与秦国联合起来，那么我们的祸端就要来临了。"

楚怀王说："有理由吗？"

陈轸说："秦国如今之所以如此看重楚国，是因为楚国有齐国的联盟。如果与齐国断绝了来往，那么楚国必然陷于孤立无援的境地，秦国何必再贪图孤立的楚国，送给我们六百里的土地呢？张仪回到秦国之后，一定不兑现自己的承诺，这样一来，我们北面断绝了与齐国的交往，西南有了秦国的祸患，所以两国的军队一定会联合起来一同攻打楚国，到那时，我们就真的要面临灭顶之灾了。其实，我们现在不如暗中与齐国联合起来，而表面上与齐国绝交，并且派人跟着张仪回秦国。如果秦国可以给我们土地，再与齐国绝交也不迟；如果秦国不给我们土地，那就暗合我们的策略了。"

楚怀王说："希望陈先生可以闭嘴了，不要再说了，你就看我是如何得到土地的吧！"

显然，楚怀王已经被张仪的花言巧语迷惑，哪里还听得进去陈轸的苦口婆心，他将相印给张仪，还送上了丰厚的礼物。与此同时，下令关闭了与齐国的交通，暗指断绝了关系。然后，派了一位将军跟随张仪回秦国接受土地。

张仪回到秦国之后，假装车绳失手，从马车上坠落，三个月没有上朝。楚怀王听说这件事情后，认为这是张仪嫌弃他与齐国的断交态度不够坚决，就派人前去辱骂齐王。齐王因此大怒，与楚王绝交，并且放纵姿态与秦国交好。张仪见到破坏楚国与齐国联盟的目的已经达到，就出来接见楚国的使臣，说："我有受封的土地六里，愿意将它奉献给大王。"

楚国的使臣听后感觉不对劲，就说："我受大王的命令，是接受秦国六百里的土地，从来没有听过是六里。"

楚怀王此时才知道上当了。恼羞成怒的他要立刻出兵讨伐秦国，大臣陈轸又说道："起兵伐秦倒不如割一块地给秦国，让秦国与楚国一起进攻齐国，这样，楚国虽然失去了土地，但却可以从齐国那里得到土地，也算是一种补偿了。"

楚怀王此时哪里听得进去陈轸的意见，终于在公元前312年，亲自任命屈匄为将军，起兵讨秦。秦将魏章率领军队与屈匄在丹阳一地展开激战，最终楚国失败。秦国斩杀楚军八万人之多，主将屈匄等70多人成为俘虏。秦国又进而争夺楚国的汉中。

楚怀王气急败坏，决心倾尽全国兵力，与秦国决一生死。楚军舍命进攻，深入秦地的蓝田（今陕西蓝田）。秦军在蓝田迎战楚军，楚军大败。于是，楚国割出了两个城邑表示要与秦国议和。谁知，秦国得寸进尺，继而要挟楚国，想要得到楚国的黔中，并且愿意以武关外的土地进行交换。楚怀王说："我不愿意交换土地，而愿意得到张仪，然后奉献黔中这个地方。"

秦惠文王想要将张仪派往楚国，但是口头上不忍心说出来。张仪看透了秦惠文王的心事，于是自愿答应前往楚国。此时，秦惠文王说："那楚王怨恨你不履行承诺，如果你去了他一定会置你于死地的。"

张仪说:"秦国强盛,楚国衰弱。我与楚国的大夫靳尚关系很好,靳尚一直都是楚怀王夫人郑袖的贴心人,郑袖说出的话,楚怀王都很听从,况且我是奉命前往楚国,楚国哪里还敢加害于我呢,纵使杀了我而替秦国得到黔中地,也值得了。"

于是,张仪决定出使楚国。楚怀王刚刚见到张仪,就下令将其囚禁,并且准备将他杀掉。靳尚对郑袖说:"您知道您将会被大王疏远吗?"郑袖问:"为什么?"靳尚说:"秦王十分喜欢张仪,而不愿意让他出使楚国被害,今后将会用上庸一带的六个县贿赂楚国,并且将秦国的美女嫁给楚王,秦国的女子一到,夫人您就要被疏远了。现在,您应该劝说楚王将张仪放掉。"

郑袖担心失宠,就日夜纠缠楚王,说:"作为臣子都是为大王效命,现在,土地还没有给秦国,秦国就将张仪派过来,可以见得,秦王是如何重视大王。大王不仅没有回礼,反而要将张仪杀掉,如此一来,秦王一定会大怒,必然会派兵攻打楚国。我请求让我们母子迁往江南,以免成为秦王的俎上肉。"

楚怀王后悔不已,于是赦免了张仪,甚至像从前一样对张仪以礼相待。张仪被释放之后,立刻利诱加威胁地让楚怀王与秦国交好。楚怀王依然被张仪的三寸不烂之舌蛊惑了,以两国的太子相互作为"人质"为条件,与秦国缔结了婚姻之好,但是黔中却拱手献给了秦国。

随后,张仪又去了韩国、齐国、赵国、燕国进行游说。但是从燕国出使后,张仪还没有到达咸阳,秦惠文王就去世了。即位的秦武王从太子时起就不喜欢张仪,即位后,大臣们时常诽谤张仪:"张仪不诚实,到处卖国以谋取利益,秦国如果再任用他,只怕会被天下人取笑。"

随后,张仪离开了秦国,来到了魏国,在魏国担任宰相一年后去世。张仪去世之后,公孙衍又到秦国做宰相五年之久。

局势分析

不论是五国相王还是几国联盟，联合起来对抗实力较强的大国是其真正目的。合纵的意图是大家抱团取暖，都会受益，但实施起来却异常困难。各国虽然名义上联手了，但到了真刀真枪跟强国拼命时，都不舍得耗费一兵一卒，都想保存实力。他们更怕强秦会反过来攻打自己，因此各怀鬼胎，不敢轻易冒险。

各国之间同床异梦、各怀鬼胎，使得合纵行动，要么在行动前就夭折了，要么是行动后，各自不是竭尽全力，拼死一战，因此，最终以失败告终。

其实，对秦国来说，诸国合纵是其最担心的。倘若几个国家真的联合起来，整体实力远胜秦国，加上他们勇往无前，拼死一战，秦国必败无疑。

而此时的秦相张仪便成了折台第一高手。他通过拉拢其他国家，各个击破，打破了公孙衍的合纵之策。避免了秦国受到多国联军的猛烈进攻，保存了秦国实力。

从公元前328年开始，张仪采用连横策略，在魏、楚、韩等国间不断游说，利用各国间矛盾，或拉拢，使其归附秦国；或拆散联盟，使其势力削弱。他始终以秦国的利益为出发点。张仪在秦惠王时期，使秦国在外交上连连取胜，助秦国开疆拓土，为秦国的强大和以后的统一立下了汗马功劳。虽然张仪不讲信用，在外交场上经常使用欺诈手段，令人不齿。但从一位外交使者的角度看，他的确出色地完成了一次又一次的任务。身为连横策鼻祖，他开创了一种方法论，对后世的外交官起到了很好的启发作用。

说点局外事

话说，张仪被楚怀王释放之后，来到了韩国。见到韩王之后，张仪说道："韩国的地势凶险，生活在山岭之间，生长的五谷，只有豆类与麦子，百姓们常年都是吃豆子，喝的也都是豆叶汤。如果遇到灾荒之年，人们甚至连糟糠都吃不上。韩国纵横不过九百里，国库内的粮食不够两年食用。估计大王手下的军队，总共不足三十万，其中还包括杂役人员在内。除守卫边界亭堡的兵士外，能调度的士兵怕是不足二十万。秦国军队有一百万，战车千辆，战马万匹，勇猛的兵士多得数不胜数。秦兵和六国的士兵相比，就好比是勇士与懦夫；以重兵接触，就好比是力士乌获与婴孩。以孟贲、乌获这样的军队攻打那些不肯降服的弱小之国，就好比将千斤的重量压到鸟卵身上一般，肯定没有幸免的。"

"各国的君臣们不顾自己国土狭小，却愿意听从他人合纵的谗言，结成朋党，相互吹捧，然后自鸣得意地说：只要按我的话做，就能称王称霸。如此不顾国家利益的荒诞之言，贻误国君，没有比这更严重的了。"

"大王如果拒不归附秦国，秦国就会立刻发兵攻克宜阳，如此一来，就等于截断了韩国的上党地区，然后东取成皋、荥阳，那么鸿台之宫、桑林之苑只怕就要归秦王所有了。如果阻塞成皋，截绝上党地区，那么大王的国土势必会遭到各国的分割。可以这样说，及早归附秦国就等于安全，不归附秦国就等于自取灭亡。如果制造的是祸端却想要得到福报，违背秦国而顺从楚国，想要不亡国，那是不可能的。"

"所以为大王着想，确实应该归附秦国。秦国最大的希望就是削弱楚国，而能削弱楚国的就是韩国。当然，并不是说韩国比秦国强大，而是由韩国的地势决定的，现在大王向西臣事秦国而进攻楚国，秦王一定会非常高兴。攻打楚国有利于扩大韩国领土，不仅转移了祸患，还取悦了秦国，没有比这更好的办法了。"

韩国国君听从了张仪的建议，张仪回秦复命。秦惠王赐给张仪五座城邑，并晋升他为武信君。

司马错伐蜀

司马错是战国时期秦国的名将，他曾辅佐秦惠王、秦武王、秦昭王三代君主，东征西讨，战功赫赫，其中最为重要的功绩就是为秦国征讨巴蜀两国，让秦国占据了"巴蜀之饶"，为今后统一六国奠定了雄厚的物质基础。

司马错从 19 岁开始就加入了秦军的新军，从普通的士兵一步步升为十夫长、百夫长、千夫长，在商鞅收复河西的战争中，他独自率领军队袭击离石（今山西离石）的要塞，攻取了魏国在河东地区最大的根据地，又切断了魏国华山大营的退路，从魏国的手中夺回了秦国重要的关口，立下了汗马功劳。商鞅对司马错十分赏识，甚至提拔他为函谷关的守将，并且在临死之前将司马错介绍给了新即位的君主——秦惠王。

巴蜀是秦国西南的两个小国，因为结仇，相互之间战争不断，两个国家都向秦国求救，秦惠王决定先派兵伐蜀，就在这个时候，韩国从北边进攻秦国，于是，秦惠王陷入了两难的境地，不知道是先"伐蜀"还是先"抗韩"，于是，就召集群臣在朝廷上讨论。

主张伐韩的张仪说："应该先伐韩。这样一来，我国就可以先和楚国、魏国结盟，出兵三川，堵塞辕辕（今河南偃师）等，与此同时，由魏国截住韩国南下的交通，由楚国进攻韩国的南郑，而秦国就可以往东攻打韩国的新城与宜阳（今河南宜阳），直接逼近东西二周所在地，还可以入侵楚、魏之地。周王陷入危机，不可以自救，必然会交出传国之宝九鼎，这样我国就可以凭借传国之宝挟天子以令诸侯，如此天下还会有谁不会听从我们呢？相对地，蜀国只是一个偏远的小国，是戎狄的地方，即便是我们花费大量的人力物力讨伐蜀国，也不会建立秦国的霸业。三川、周室才是我们应该夺取的地方，而不是我们距离霸业比较远的野蛮之地。"

但此时，司马错站出来，否定了张仪："如果想要国家富强，就要先扩张领土，想要兵强马壮，就要先让百姓富庶起来，想要得到天下，就要先广施恩德，只有做到了这三件事，才可以成就霸业，但是现在，秦国的国土面积并不大，百姓也并不富裕，所以我国应该先从比较容易对付的诸侯国下手。就是因为蜀国是西方的偏僻小国，又是犬戎之邦的首领，国内的政治十分混乱。所以，秦国如果想要伐蜀，就好像狼群进入羊圈一样简单容易，出兵讨伐也是理所应当。这样，秦国就获得了蜀国的土地，就可以扩张领土，得到蜀国的财富，就能够让百姓过上幸福安乐的生活。秦国消灭了蜀国，却不会被别人认为是暴虐，即便抢走了蜀国的一切财富，别人也不会认为秦国贪婪。所以，伐蜀是一件百利无一害的好事情。相反，如果我们先攻打韩国，且挟天子以令诸侯，不仅不会成功，还会被扣上'不义'的恶名。周室天下的宗室，齐国是韩国的盟国，如果周天子清楚九鼎将要失去，韩国就会知道失掉三川，周与韩一定会联合起来，通过齐国与赵国一起劝说楚国与魏国背叛秦国，周天子为了拉拢楚国与魏国两个国家，免不了会将九鼎给楚国，将三川给魏国。这样一来，岂不是危险了吗，如此想来，倒不如先伐蜀。"

秦惠王听取了司马错的建议，在公元前316年派遣司马错与张仪，都尉墨等率领军队伐蜀，当时蜀国有剑门之险，道路十分崎岖，不容易讨伐。司马错献计："秦王因为和蜀国是邻国，愿意赠送一些石牛与美女给蜀王。"蜀王听到这些话之后十分高兴，立刻派人在大小剑山、五丁峡一带的岩石峭壁上夜以继日地凿险开路，想要到秦国寻找美女与石牛。没有想到的是，蜀道刚一打开，秦国就派遣大军长驱直入，一举消灭了蜀国。

局势分析

司马错和张仪在秦惠王面前进行了一场辩论。司马错要攻打蜀国，张仪说："不如攻打韩国。"秦惠王说："请你们说说各自的见解，让我听听。"

张仪回答说："应先与魏、楚两国表示亲善，然后出兵三川，堵塞辕、缑氏两个隘口，挡住通向屯留的路，让魏国出兵切断南阳的通路，楚国派兵逼近南郑，而秦的军队则攻击新城和宜阳，兵临二周的近郊，声讨周君的罪行，（随后）乘机侵占楚、魏两国的土地。周王室知道已经不能拯救自身，一定会交出九鼎和宝器。我们占有了九鼎，掌握地图和户籍，挟持周天子，用他的名义来号令天下，天下没有敢于违抗的，这就能建立王业了。如今，蜀国是西边偏僻（落后）的国家，戎狄为首领。攻打蜀国，会使士兵疲惫，使百姓劳苦，却不能以此来建立名望；即使夺取了那里的土地，也算不得什么利益。我听说：'争名的要在朝廷上争，争利的要在市场上争。'现在的三川地区和周王室，正是整个天下的大市场和朝廷，大王不去争夺，反而与那些野蛮的人争夺名利，这就离帝王之业远了。"

司马错说："不对。我听到过这样的话：'想使国家富庶，一定要扩大领地，想使军队强大一定得让百姓富足，想建立王业一定要广布恩德。这三个条件具备了，那么，王业就会随之实现了。'现在大王的土地少，百姓贫困，所以我希望大王先从容易办的事做起。蜀国是西边偏僻的国家，以戎狄为首领，而且有像桀、纣一样的祸乱。用秦国的军队前往攻打，就如同用豺狼驱赶羊群一样。得到它的土地，能够扩大秦国的疆域；得到它的财富，能够使百姓富足，整治军队又不伤害百姓，蜀国已经归服了。因此，夺取了蜀国，但天下人不认为我们暴虐；取尽了蜀国的财富，诸侯国也不认为我们贪婪。这就是说，我们用兵一次，就能名利双收，还能得到除暴、平乱的好名声。如果现在去攻打韩国，胁迫周天子，胁迫周天子必然招致坏名声，而且不一定有利，又有不义的名声。去进攻天下人都不希望进攻的地方，这是很危险的！请允许我讲明这个缘故：周王室，现在还是天下的宗室；韩国，是周国的友好邻邦。如果周天子自己知道要失去九鼎，韩王自己知道要丧失三川，那么，两国一定会联合起来，共同采取对策，依靠齐国和赵国，并且向楚、魏两国求援，以解除危难。把九鼎送给楚国，把土地送给魏国，大王是不能阻止的。这就是我所说的危险，不如攻打蜀国那样万无一失。"

秦惠王说："很对。我采纳你的意见。"结果，出兵进攻蜀国。十月夺取了那里的土地，然后平定了蜀国。蜀国的君主改称为侯，秦国派遣陈庄去辅佐蜀侯。蜀国归附以后，秦国就更加强大富庶，看不起其他诸侯国了。

说点局外事

司马错，秦惠王时期将领，秦国夏阳（今陕西韩城）人，纵横家，亦能领兵作战，是司马靳的祖父。

曾与张仪有过辩论，他主张先伐蜀再伐韩。公元前316年，从石牛道上纵横千里，灭掉蜀国。秦昭王二十七年（公元前280年）秋，司马错率陇西兵二十万人南下东攻楚国，迫楚献出汉北及上庸地（今湖北西北部）。

（秦武王）武王举鼎

六国会盟后，秦国发展迅速，与之抗衡的力量也没有出现。秦惠文王继续扩张领土，趁巴蜀之地的两个小国争斗之际，秦国便发兵攻打这两小国，并最终将这片土地归己所有。秦惠文王在位期间，秦国的实力已日渐强盛。惠文王的儿子嬴荡，就是秦武王，他即位后不久，便发生了一件意想不到的事情，而他也因此断送了性命。

此时的秦国，新君王刚刚即位。正如同其他国家的王位更替一样，存在着诸多不确定因素。各诸侯国虽然对秦国虎视眈眈，却不敢轻举妄动。此时，他们均以祝贺为名，来秦国一探究竟，想从中找到对付秦国的突破口。而秦国国内由于新王登基，局势尚不稳定。

不过，秦武王可不是一个目光短浅的人，他的野心也随着秦国的强盛而越来越大了，他不仅要称霸诸侯，还十分向往周天子的宝座，想要一睹九鼎的风采。实际上，早在秦惠文王的时候，张仪就提出过"挟天子以令诸侯"的建议。张仪说："秦国想要进军中原，就需要中原大国韩国的土地，所以应该先攻取韩国的重镇，也是周王畿洛阳的门户——宜阳，之后将宜阳作为跳板，攻入洛阳，挟天子以令诸侯，建立起中原的霸业。"当时的秦惠文王因为忙着伐蜀，并没有采纳张仪的建议。

秦武王即位后，一心想要称霸中原，并且在做着准备。他首先是要与越国联盟，因越国没有实力称霸，而且受邻国楚国的威胁。秦武王巧妙地利用了越王的这种心理，提出秦、越两国结成联盟，一同攻打楚国。此时的越王正担惊受怕，听到秦武王愿意与自己联合讨伐楚国，便欣然同意。

此时韩魏两国处于同一战线，正密切关注着秦国的形势发展，趁秦国新王即位的机会，想对秦国动手。面对不利形势，秦国一方面与韩国套近乎；另一方面借助齐国的力量向魏国施压。在此局面下，韩魏两国便知难而退，不再打算向秦国发兵了。

秦国与各国暂时的相安无战事，为其带来了和平的外部环境。与此同时，国内局势也趋于稳定，没有了内忧外患，秦武王便想着如何能称霸诸侯国了。

有一天，秦武王对樗里子、甘茂说："我住在西戎，从来没见到过周天子的王畿洛阳，不知道那里是怎么样的繁华景象。我真的希望有一天可以驾车在洛阳尽情游历，亲眼见到天子宝鼎，这样也就了无遗憾了。不知你们谁可以攻下宜阳，进攻洛阳呢？"樗里子犯了难，说道："韩国宜阳城城墙坚固，且有精兵把守，再加上距离秦国甚远，如果秦国攻打宜阳，赵国、魏国一定会设法营救韩国，到时，秦国就陷入了危险的境地。"秦武王对樗里子的回答不是很满意。甘茂想了想说："想攻打宜阳，就要先拆散韩国与魏国的联盟，联合魏国帮助秦国，这样赵国就不可能越过魏国去营救韩国了，那么韩国就陷入了孤立无援的境地，如此一来，秦国攻破宜阳就有希望了。"秦武王对甘茂的回答甚是满意。

公元前308年，秦武王派甘茂率领精兵攻打宜阳。在此之前，甘茂出使魏国说服魏王与秦联盟，一同讨伐韩国。

达到目的后，甘茂先与秦武王说了攻打韩国的难处，此次攻打韩国，将士们长途跋涉，想要取得胜利，并非易事。在攻打韩国的过程中，如果秦武王中途改变主意，就会功亏一篑，他怕秦武王因为战争时间太长而中途反悔，因此，君臣二人立下了"息壤之盟"。

果然，在甘茂远征韩国的时候，一直持续了五个月还没有进展，国内的人开始向秦武王抱怨："我军攻打宜阳已经拖了五个月之久，将士们都

已经是精疲力竭，如果再继续下去，只怕情势恶化，还不如现在退兵的好。"秦武王听到大臣们这样说，心中开始动摇了。此时，甘茂派人将自己的亲笔书信交到了秦武王的手上，上面提到了"息壤之盟"四个字，秦武王一看，立刻想到了自己与甘茂的盟约，暗自下定了决心，增兵让甘茂攻打宜阳。最后甘茂率兵攻陷宜阳，斩首六万人之多，迫使韩国君主投降，向秦求和。

可以说，占领宜阳就等于打开了洛阳的门户，秦武王亲自带兵攻入洛阳。

周王室这时的君主是周赧王。他知道秦武王攻打宜阳的目的所在，洛阳紧邻宜阳，宜阳被攻陷，意味着洛阳的气数将尽。周王室因此慌张不已，因为他们的王室已经形同虚设，如果秦国此时来犯，他们将毫无招架的余地。周赧王想到这里，忍不住嘀咕："既然武力不行，那么只有以礼相待，希望秦国可以就此罢手。"

秦武王的大军抵达洛阳之后，周王室准备了隆重的欢迎仪式，而且邀请秦武王赴宴。秦武王虽然崇尚武力，但从小接受教育，深知这是不符合礼法的事情。他不敢对周赧王无礼，对周王室的盛情款待，他推辞了。

秦军一路畅通无阻抵达太庙的时候，秦武王终于见到了象征着至高无上权威的九鼎，这九个鼎不是普通意义上的鼎，它们象征着九州，象征着权力。春秋时候，楚庄王问鼎中原，秦惠文王时期，张仪提出夺取九鼎以号令诸侯，可见这九鼎是诸侯各国都梦寐以求的权力象征。

秦武王走到大鼎面前，仔细观察着上面的细微之处。每个大鼎都制作精美，一个大鼎象征着一州，九鼎即九州。自大禹命人铸造这九鼎以来，经过夏朝、商朝，到了周朝这里，已经逐渐演变成权利和身份的象征。相信任何一个君主都想拥有这至高无上的权力以及备受尊崇的地位。秦武王终于按捺不住了，他急切地想挑战一下这个象征权力的鼎。

他走上前去，问身边的任鄙、孟贲两名大将："谁能够举起这个大鼎呢？"孟贲为了显示自己的力大无比，用尽全身的力气，将大鼎举了起来。

此时，秦武王的好胜之心被激了起来，说："你可以将这大鼎举起来，难道我就不可以吗?"说着就要上前亲自举鼎，身边的任鄙急忙进行劝阻：
"秦王，您是千金之躯，不能贸然举鼎，倘若出现意外，在场的人谁都担待
不起啊。"

然而，此时的秦武王已经是志在必得，根本听不进身边人的劝阻。他
用尽全身力气，只将大鼎举起半分。放下大鼎，身边的人总算松了一口
气。急忙夸赞武王的英勇神武，希望他就此心满意足。

而秦武王却不肯善罢甘休，他想要将大鼎举过头顶，威武地走上几
步，以示秦国威武。到第二次举鼎，就没那么幸运了。武王将大鼎微微举
起，却因力气不足，大鼎一下子掉落下来，砸在了武王脚上。众人慌忙将
武王从鼎下救出，等太医赶来，已经昏迷不醒，当天夜里气绝身亡。

秦武王意外身亡，让周王室倍感庆幸，没有了这个秦国国君，周王室
至少会安全一阵子。

局势分析

秦武王即位时还不足二十岁，正是年轻气盛的时候。他勇猛好斗，喜
欢勇猛力大的人。战国时代需要勇猛的将士，尚武也并不过分，可是武王
觉得自己也是力大无比，这造就了他最后的结局，因举鼎丧命。

不过，不得不说，秦武王是一个拥有长远眼光的人，在六国虎视眈眈
的情势下，运用自己的治国才智将内忧外患相继解除。可是，他的志向并
不在此，而是问鼎中原，取代周王的地位，亲眼见识一下象征着无上权力
与地位的九鼎的威严。

可以说，自九鼎成，就象征着天子的权威。各国都想据为己有，以号
令天下。终于，秦武王拥有了这个机会。可是，眼见实现自己多年的愿
望，却因为好胜之心遗憾地离开了人世。可是，武王举鼎的发生，让周王
室长长地舒了一口气，却让秦国政局陷入了短暂的混乱期。因事先未立太
子，因此，秦武王之后的王位继承便成了难题。

说点局外事

《东周列国志》中载："有齐人孟贲字说，以力闻，水行不避蛟龙，陆行不避虎狼，发怒吐气，声响动天。尝于野外见两牛相斗，孟贲从中以手分之，一牛伏地，一牛犹触不止。贲怒，左手按牛头，以右手拔其角，角出牛死。人畏其勇，莫敢与抗。闻秦王招致天下勇力之士，乃西渡黄河。岸上人待渡者甚从，常日，以次上船。贲最后至，强欲登船先渡。船人怒其不逊，以楫击其头曰：'汝用强如此，岂孟说耶？'贲瞋目两视，发植目裂，举声一喝，波涛顿作。舟中之人，惶惧颠倒，尽扬播入于河。贲振桡顿足，一去数丈，须臾过岸，竟入咸阳，来见武王。"。

后来孟贲成为战国时期秦武王手下的勇士，关于孟贲的事迹，《史记秦本纪》曾有详细地记述说："武王有力好战，力士任鄙，乌获、孟说皆至大官；王与孟说举鼎绝膑死，族孟说……"

甘茂坎坷仕途

甘茂是秦惠文王、秦武王时期的著名将领，与智囊樗里子齐名。他出身平民，官至秦国的左相，但是后来被樗里子等大臣排挤，最终离开了秦国。

甘茂是楚国下蔡（今安徽凤台县）人，从小就跟随下蔡的史举学习诸子百家的学说。当时，秦国经过商鞅变法之后逐渐强盛，秦惠王即位之后继承了秦孝公时期"任人唯贤"的政策，广纳贤才。甘茂也十分向往可以到秦国一展宏图，幸运的他，一度得到了秦惠王与秦武王的信任，被委以重任。

秦武王去世，秦昭襄王即位，由其母亲宣太后主持朝政。公元前306年，楚国出兵伐韩，韩国向秦国求助，因宣太后本身是楚国人，因而不愿意救韩国而得罪楚国。甘茂一再主张出兵帮韩伐楚，秦昭襄王听从甘茂的建议，出师救韩。

秦王让向寿前去驻守宜阳，与此同时，樗里子与甘茂前去攻打魏国的皮氏。向寿，是宣太后的娘家人，与秦昭襄王从小要好，所以被秦昭襄王委以重任。向寿先到了楚国，楚王听到秦王十分倚重向寿，就优待向寿。

向寿驻守宜阳后，准备据此对韩国发起进攻，韩相公仲侈派遣苏代对向寿说："野兽在遭遇围困的时候是可以将猎人的车子掀翻的，您前去攻打韩国，虽然公仲侈受到侮辱，但是公仲侈依然可以收拾韩国的局面然后再去侍奉秦国，他会认为一定能够得到秦国的封赐。如今，您将借口送给楚国，又将杜阳封给下小令尹，让秦楚两国交好。秦楚联合之后，毫无疑问会再一次对韩国发兵，韩国到时一定会灭亡。韩国灭亡，公仲侈必然会亲自率领大军顽强抵抗秦国，希望您可以深思啊！"

向寿听后，说道："我联合秦楚两国，并非为了对付韩国，您不妨代替我将这个意思带给公仲侈，说秦国与韩国之间依旧是合作的关系。"

苏代回答说："我愿意给你将意思带到。秦王虽然亲近您，但是比不上亲近公孙奭；秦王赏识您的才智，也比不上赏识甘茂。可是，现在这两个人都可以直接参与朝政大事，但是只有您能够与秦王对于秦国的大事做出决定，这是为什么呢？是因为公孙奭总是对韩国有所偏袒，甘茂一直对魏国有所祖护，因此，秦王对他们并非十分信任。现在，秦国与楚国争斗不断，但是您却要偏袒楚国，这就等于与公孙奭、甘茂一样了啊。您是依靠什么才能与他们区别开来呢？人们都说楚国是墙头草，随时都会倒戈相向，您也可能会栽倒在楚国这里，这无疑是自找麻烦。您不如与秦王谋划着对付楚国的策略，与韩国友善相处以防备楚国，这样一来，自然没有后患之忧。韩国与秦国交好一定会先将国家大事交给公孙奭，听从他的意见处理，而后将全部的大事都交到甘茂的手中。韩国是您的仇敌，现在您提出与韩国交好而防备楚国，这就是外交结盟而不避仇敌啊！"

向寿说："是这样，我也很想与韩国合作。"

苏代凭借三寸不烂之舌，将向寿说服得连连点头。后来，甘茂向秦昭襄王提出，将武遂还给韩国。此时的向寿、公孙奭坚决反对，但未成功。向寿、公孙奭因此对甘茂心生嫌隙，经常在秦王面前说甘茂的坏话。甘茂深感不安，生怕出现对自己不利的事情，便停止攻打魏国的蒲阪，并借机逃走。

甘茂跑到秦国边境函谷关的时候，正好遇到了纵横家苏代，苏代追问甘茂要去哪里，甘茂没有直接回答苏代的问题，只是讲了一个"借光"的故事：

"从前有一条小河，边上住了很多人家。每天晚上各家的姑娘都会将自家的灯油倒在一个大灯里，然后一起借着灯光干活。有一个姑娘因为家里穷，拿不出灯油，就对其他人说：'我虽然拿不出灯油，但我可以每天早一点来，晚一点走，为大家打扫院子，只希望你们可以答应借给我一点光。'其他人听后，便决定留下了她。"

苏代一听恍然大悟，与甘茂一同回到了齐国，在齐工面前为甘茂"借光"，推荐甘茂担任了齐国的上卿。

齐国派甘茂出使楚国，当时秦楚关系十分友好，秦昭王知道甘茂现在楚国后，就请楚王将甘茂送回来。楚王向谋臣范蜎询问这件事，范蜎不赞同，他说："甘茂入秦，以秦惠王的聪明、秦武王敏锐、张仪的雄辩，甘茂都能够如鱼得水，担任十个官位都没有犯过错，这并非普通人可以做到的。将这样的贤才送还秦国，对于楚国不是好事情。大王不如推荐向寿担任秦相，这样不是对楚国更有利吗？"楚王听从了建议，就派人请求秦王让向寿担任相职。就这样，甘茂至死都未能再踏上秦国的土地。

局势分析

在这里，我们不妨将"既生瑜，何生亮"改为"既生甘，何生樗"，虽然二人同朝为官，共侍一主，但"一山不容二虎"，最重要的是二人的见解不同，立场不同，矛盾自然越来越深。随着嫌隙加重，最终樗里子选择与向寿联合排挤甘茂，甘茂无奈只能选择狼狈离开。

不难看出，秦昭襄王对于甘茂的才能还是十分欣赏的，不然就不会再听到甘茂在楚时意图将甘茂要回，虽终未果。或许此时的秦昭襄王存在两方面的担心：一方面是秦国失去甘茂如此人才，以后会如何；另一方面是甘茂如被他国所用，日后必定成为自己的威胁，所以才会迫不及待地将其找回。

正如，范蜎说的那样，甘茂能够在秦惠王、秦武王统治时期，与张仪雄辩，且在担任官职期间没有出现任何差错，就足以见得甘茂的过人之处。可以这样说，失去了甘茂的秦国就等于断了左翅，将再也不能翱翔。而秦朝之后的历史发展也充分说明了这一点。

▌说点局外事▐

《战国策·秦策二》中载：甘茂亡秦，且之齐。出关遇苏子，曰："君闻夫江上之处女乎？"苏子曰："不闻。"曰："夫江上之处女，有家贫而无烛者，处女相与语，欲去之。家贫无烛者将去矣，谓处女曰：'妾以无烛，故常先至，扫室布席，何爱余明之照四壁者？幸以赐妾，何妨于处女？妾自以有益于处女，何为去我？'处女相语以为然而留之。今臣不肖，弃逐于秦而出关，愿为足下扫室布席，幸无我逐也。"苏子曰："善。请重公于齐。"

乃西说秦王曰："甘茂，贤人，非恒士也。其居秦，累世重矣，自崤塞、谿谷，地形险易尽知之。彼若以齐约韩、魏，反以谋秦，是非秦之利也。"秦王曰："然则奈何？"苏代曰："不如重其贽，厚其禄以迎之。彼来则置之槐谷，终身勿出，天下何从图秦。"秦王曰："善。"与之上卿，以相迎之齐。

甘茂辞不往，苏秦伪谓王曰："甘茂，贤人也。今秦与之上卿，以相迎之，茂德王之赐，故不往，愿为王臣。今王何以礼之？王若不留，必不德王。彼以甘茂之贤，得擅用强秦之众，则难图也！"齐王曰："善。"赐之上卿，命而处之。

东帝西帝

经过秦孝公时代的商鞅变法、秦惠文公时期的连横破纵、秦武王时期的西拓东进，秦国到了秦昭襄王时期已经从一个小国成长成为一个傲视中原的大国。秦昭襄王联合当时的强国齐国一同称"帝"，也就是"东帝"与"西帝"。但是，却招致齐国、韩国、赵国、燕国、魏国五国的合纵伐秦，只两个月的时间就被取消了"帝号"。

公元前307年，秦武王去世。武王没有儿子，宫廷内就上演了一出争夺王位的好戏。秦武王的亲生母亲惠文后去世得早，庶母宣太后的弟弟魏冉因为辅佐过秦惠王、秦武王两位君主，位高权重。在魏冉的支持下，宣太后的儿子顺利登位，也就是秦昭王。

秦昭王虽然得到了宣太后与魏冉的支持，但是其他的兄弟并不服气。公元前305年，也就是秦昭王即位的第二年，公子庶长壮联合其他的公子一同发动叛乱，公开反对秦昭王，而且自称为季君。魏冉立刻出兵平反，杀掉了参与叛乱的诸位公子，也将秦武王的王后赶回了魏国。至此，秦武王死后的王位争夺总算告一段落，魏冉也掌握了军政大权。

当时的诸侯国之间主要以秦国、齐国、楚国三国实力最强，这三个国家之间的战争频繁，秦国时常与楚国争斗，时常对齐国发兵，韩国、魏国等小国则如同墙头草一般，根据情势的变化，适时以秦国、楚国或者齐国作为靠山。

因为宣太后是楚国人的缘故，所以秦昭王与楚国的关系一直保持友好。楚国曾经与齐国、韩国，联盟讨伐秦国，但是从秦昭王登位之后，楚国就背弃了与齐、韩两国的盟约，选择与秦国交好，楚国的行为招致了齐、韩两国的愤恨。公元前305年，秦昭王与楚怀王联姻。第二年，两国在黄棘（今河南新野东北）会盟，秦国退还了之前占领的楚国的上庸（今湖北竹山）。以后的三年时间里秦楚之间的关系都很稳定。

可是，公元前303年，楚国人质太子横杀死了秦国的一位大夫，偷偷逃回了楚国，秦楚两国之间的关系也宣告破裂。当齐国、韩国、魏国三个国家联合攻楚的时候，秦国坐视不理，楚国因此大败于垂沙（今河南唐河），楚国被迫将从秦国逃回的太子横送回秦国，以求和解。秦国此时极力拉拢实力较强的齐国，当齐国获胜后，立刻派秦昭王的弟弟泾阳君到齐国去做人质。

秦国不仅不救楚国，反而不断攻打楚国，楚国在秦国连续不断的进攻下接连败退。公元前298年，秦昭王攻占了楚国的析地，大败楚军，斩首五万多人，占据了十多个城池。

公元前301年，齐国任命孟尝君为相。一时间，齐国在孟尝君的改革下，逐渐强盛。公元前299年，秦国也邀请孟尝君担任秦国的宰相，结果孟尝君任职不到半年的时间就遭遇免职，且被囚禁了起来，孟尝君依靠"鸡鸣狗盗"的计策逃回了齐国，重新担任宰相。从此，齐秦两国就结下了恩怨。第二年，在孟尝君的组织下，齐国、韩国、魏国联合起来攻打秦国，战役一度蔓延到函谷关，后来，宋国、中山两国也参与到攻击秦国的队伍中，半年之后，五国攻秦的联盟终于攻入了函谷关，秦国只好将之前占领的魏国的土地还给了魏，又将武遂还给了韩国。

此后不久，齐国在苏秦的怂恿下，放弃攻秦，转而攻打宋国。秦国也不愿意再与齐国为敌，而是选择集中精力攻打韩国、魏国，扩张领土，所以两国重修旧好。齐国免去了主张攻秦的孟尝君的相职。同时，秦国还主动与楚国修好，任命魏冉为相，援助了楚国五千石粮食，至此，消除了全力攻打韩魏的后顾之忧。

暂时稳住齐国、楚国两个大国后，秦国便专心对付韩国、魏国。公元前294年，秦昭王派白起、向寿率重兵攻打韩国、魏国，前后攻取了武治和新城。这一年，白起一举攻下伊阙。第二年，又打败了韩魏联军，斩首二十万之众，俘虏魏国将军公孙嘉。两年后，秦国继续攻打魏国。不过，这一次虽然攻下了魏国的垣，却又还给了魏国，转而攻打韩国。公元前291年，秦国攻取了韩国的苑。苑素来以手工业发展而闻名，秦得苑后，经济上获得了突飞猛进的发展。

秦国连战连胜，领土不断扩张，国力越发强盛。各诸侯陆续称王，秦

昭王已经远远不满足于称王，而是要进一步称帝，但是又担心齐国会反对，于是就拉拢齐王一同称帝。公元前288年，秦昭王自称为"西帝"，又派遣魏冉到齐国，尊齐王为"东帝"。就这样，秦齐两国开始做起了帝王。

但好景不长。韩国和魏国拉拢赵国，请赵国的奉阳君李兑联合各国攻打秦国。与此同时，苏秦也劝说齐王取消帝号，以拉拢其他国家一同攻打秦国。如此，齐国就可趁机攻打宋国。齐王为了得到宋国土地，便听从了苏秦的建议，取消了帝号，并且与赵国联手，出兵威胁秦国取消帝号，秦昭王完全没有想到，齐王竟然这么快就背叛了自己，被逼之下，只得取消帝号。

就这样，秦昭王从确立帝号到取消帝号只经历了两个月的时间。

齐王擅自放弃帝号并攻打秦国的盟国宋国，这无疑与秦国结下了冤仇。在齐王支持下，苏秦游说赵国、燕国、韩国与魏国结成联盟攻打秦国。这一时期除了苏秦主张攻秦外，还有孟尝君与李兑。公元前287年，五国联盟形成，由李兑率领军队，燕国派二万兵士参与，齐国、魏国分别盘踞在皋、荥之间。

而这五国联盟貌合神离、同床异梦。齐国的目的在于攻夺宋国土地，而苏秦表面上向着齐国，暗地里却在为燕国效力，想要通过挑起战争来削弱齐国的实力。与此同时，苏秦私下游说赵国与魏国一同攻打齐国。魏国长久以来就受齐国欺凌，早就想一雪前耻，但因刚经历失败，元气大伤，攻打秦国只怕是心有余而力不足。各国在伐秦的过程中相互推诿，谁都不愿意损伤一兵一卒，只是在成皋吵嚷一番后，就各自散去。

在西帝秦国被逼放弃帝号的同时，东帝齐国也终于惹祸上身，五国攻秦迟迟不见结果，但齐国却趁机对宋国发动了三次进攻，最终灭掉了宋国。但好景不长，苏秦又劝齐王："魏国、赵国距离秦国较近，现在五国攻秦迟迟不见成果，魏国与赵国为了保全自己必然会向秦国求和，这样一来，秦国就会联合其他国家攻打齐国，所以，大王不妨先与秦国议和，以免到时处于被动局面。"齐王听信了苏秦的话，就偷偷地与秦国交好，这件事的发生将魏国与赵国的君主激怒了。赵国与魏国纷纷联络秦国，试图一起攻打齐国。此时，各国之间的情势发生了巨大变化，各国都倾向于与秦国交好，而攻齐联盟也逐渐形成。

公元前285年，秦国约楚王在宛会盟，又联络了赵王，以此加强了与楚赵两国的联系。与此同时，派将军蒙武首先率军攻打齐国，首战告捷。接连攻陷齐国九座城，秦国在此设置了九个县。

第二年，秦国又与魏国在宜阳会盟，与韩国在新城会盟。燕昭王也亲自到赵国回见赵王，至此，秦国、赵国、燕国、魏国、韩国的五国联军正式形成。韩国、魏国、赵国派遣兵力，在燕将乐毅的带领下，浩浩荡荡地向齐国进发。同时，秦国也派遣大将尉斯里率军参加。楚国和鲁国虽然没有加入到联军队伍中，但也积极配合攻齐。结果可想而知，齐国被五国联军打败，齐王狼狈而逃。

可以说，五国攻齐正好为秦国扩张领土提供了机会，助力秦国铲除了一个东方劲敌，从此，秦国将东进的目标转向了三晋和楚国。

局势分析

《韩非子·内储说下》中记载："穰侯相秦而齐强，穰侯欲立秦为帝而齐不行，因请立齐为东帝，而乃能成也。"在战国中期，秦昭襄王和齐湣王一度并称为"东西二帝"。对此，《史记·秦本纪》中记载："十九年，王为西帝，齐为东帝，皆复去之。"《史记·田敬仲完世家》中记载："三十六年，王为东帝，秦昭王为西帝。"在时间上，秦国和齐国的君主并称为"东西二帝"，发生在公元前288年。但是，同样是在公元前288年，秦昭襄王和齐湣王都取消了"帝号"，也即《史记·秦本纪》中记载的"皆复去之"。那么，问题来了，在战国中期，秦国和齐国为什么并称"东西二帝"？为何后来又取消了帝号呢？

首先，秦昭襄王和齐湣王在战国中期并称为"东西二帝"，直接原因就是秦国和齐国的实力，已经独居一个档次了，也即和战国七雄中的其他五国拉开了一个档次。打个比方，如果战国七雄是七支球队的话，那么，战国中期的秦国和齐国，无疑是争冠球队，也即非常有希望夺得最后的总冠军，至于此时的魏国、赵国、楚国，则是季后赛球队，而就韩国、燕国，顶多就是季后赛边缘的球队了。

具体来说，公元前288年前后，原先在战国中期崛起的魏国，已从中原霸主的位置跌落。而魏国衰落，与三场关键战役有直接关系，分别是桂陵之战、马陵之战、河西之战。其中，桂陵之战、马陵之战，是齐国连续重创魏国的战役，而河西之战，是秦国从魏国手中夺走河西之地的战役。

商鞅变法后的秦国，经过秦孝公、秦惠文王的持续努力，到秦昭襄王即位后，不仅扭转了对魏国的劣势，更是对魏赵韩三晋开始逐步蚕食。而西边的齐国，任用邹忌也进行过一场被人忽略的变革，即邹忌变法。这个变法与韩国任用申不害进行变革、秦国的商鞅变法几乎处于同一时期。邹忌变法后，齐国也是人才济济，涌现出了邹忌、田忌、孙膑、匡章等一批能人。

从地理位置上看，秦国处在战国七雄中的西边，齐国在东边。在秦国和齐国差不多同时崛起的过程中，中部的魏国首当其冲，而韩国、赵国、楚国也惴惴不安。因此，身处第一梯队的秦国和齐国，自然不愿意和其他五国使用同样的爵号了。

在春秋战国时期，爵位需要和各个诸侯国的实力相匹配，如果不匹配，就会出现问题。如西周初期，周王室封赐楚国"子"的爵位，在"公侯伯子男"五等爵位中，"子"排在倒数第二。楚国立国之初，不过方圆五十里，给个"子"爵，自然没什么怨言。但到后期，楚国已是当时最强大的一个诸侯国，如继续用"子"爵，自然心里不平衡。据《史记·卷四十·楚世家第十》记载：楚熊通怒曰："王不加位，我自尊耳。"于是，楚熊通自立为王，即楚武王。

同样道理，战国中期的秦国和齐国，实力已明显超过其他五国了。所以，在其他诸侯国使用王爵的背景下，秦昭襄王和齐闵王需要一个帝号，以此和王爵区分开来。帝，皇天下之号也。——《说文》。在历史上，不仅有三皇五帝，就商朝的君主，也有帝乙、帝辛（商纣王）等称号的君主。所以，在尊贵程度上，帝号自然在王爵之上了。当然，这也暴露出秦昭襄王或者齐湣王想要一统天下的野心。那么，问题来了，并称为"东西二帝"之后，为什么秦国和齐国又在同一年相继取消了"帝号"。这是因为苏秦之弟苏代的劝说，让齐湣王先取消了帝号，然后秦昭襄王也跟着取消了帝号。

据司马迁《史记·田敬仲完世家》记载，在得知秦国和齐国并称东西二帝后，苏秦的弟弟苏代从燕国来到齐国，对齐湣王表示："秦称之，天下恶之，王因勿称，以收天下，此大资也。且天下立两帝，王以天下为尊齐乎？尊秦乎？"也即秦国称帝，自然让其他诸侯国愤怒，而齐国称帝，同样会得罪天下。所以，苏代劝说齐湣王取消帝号，以此获得天下的支持，从而共同讨伐秦国。和哥哥苏秦一样，纵横家苏代也是合纵策略的奉行者，也即主张山东六国联合攻打秦国。在苏代劝说下，齐湣王决定取消帝号，并联合楚国、魏国、韩国、赵国共同进攻秦国。

秦昭襄王一看，觉得齐湣王实在太不地道了。于是，在积极应对齐国等诸侯国联合攻秦的同时，也取消了帝号。

总之，秦国、齐国各怀鬼胎，不仅想借助称帝来试探天下，还希望借此来孤立对方，所以，只要一方取消了帝号，另一方自然不敢继续使用帝号了。两国虽取消帝号，但秦国和齐国双雄并立的局面还是持续了一段时间，直到五国伐齐，乐毅重创齐国后，这一局势才被打破。

说点局外事

孟尝君在薛邑，招纳各个诸侯国的宾客，甚至是犯罪之后逃亡的人，很多人都归附到孟尝君的门下。孟尝君愿意舍弃家业也要给这些人丰厚的待遇，而且不分高低贵贱，不分黑道白道，只要是前来投靠的人就都会以礼相待，因此使天下贤志之士无不倾心向往。正因为如此，他的食客达到了几千人，待遇不分贵贱一律与自己相同。孟尝君每一次接待宾客，与宾客坐着聊天的时候，总是在屏风的后面安排侍史，让他将自己与宾客聊天

的内容记录下来，记载所问宾客亲戚的住处。宾客一离开，孟尝君就已经派遣使者到宾客的家里送上礼物与慰问。有一次，孟尝君在招待客人吃饭的时候，一个人遮挡了灯光，那一个宾客因此十分恼火，认为饭菜的质量一定不平等，也不相等，放下碗筷就要离开。孟尝君马上站起来，亲自端着自己的饭食与他的相比，那个宾客羞愧地无地自容，就以刎颈表示谢罪。贤士们因此都愿意成为孟尝君的食客。孟尝君对于来到门下的宾客都热情接纳，不挑拣，无亲疏，一律给予优厚的待遇。所以宾客人人都认为孟尝君与自己亲近。

完璧归赵

战国时期，各国间的争斗，不仅存在于军事斗争中，还存在于各种各样的联盟、会盟中。在秦昭襄王统治时期，赵国和秦国之间就发生了一次以会盟为背景的斗争，惊心动魄。

战国时期，赵国的宦官缪贤偶然之间用五百金购得了和氏璧，赵惠文王知道这件事情后，就想要占为己有。秦昭襄王也知道和氏璧是一块无价之宝，所以听说此事之后，就给赵王写了一封信，称："愿意用十五座城池来换取和氏璧"。此时的秦国实力如日中天，意在吞并各个诸侯国，赵国自然不敢与之相抗衡。看过秦昭襄王的来信，赵王陷入了两难的境地。

赵惠文王心想，一向小气，不肯吃一点亏的秦昭襄王这一次竟然这样大方，实在是有些奇怪。但是，如果不肯将和氏璧交到秦国，只怕会引起两国之间的战争，到时一定会血流成河。其实，用一块玉璧去换取十五座城池也是一桩不错的交易，赵国正好借此机会扩张领土。赵王心动了，但是他又担心秦王会要出什么花样，到头来落得城财两空。

赵王思来想去拿不定主意，于是就将大臣们召集到一起进行商议，想要找到一个合适的人出使秦国。大家讨论半天，也没有选出一个合适的人。这时，缪贤就站出来推举了他的门客蔺相如，说这个人绝对是出使秦国的最佳人选。

赵王怎么也不相信一个小小的门客能担此重任，缪贤解释道，自己曾经因犯罪想要逃往燕国，但蔺相如却对他说，你怎么就觉得燕王一定会收留你呢？缪贤告诉蔺相如，说自己与燕王曾经有过一面之缘，燕王也曾说过愿意结交他这样的朋友。

而蔺相如却对他说，赵国比燕国强大，你又深受赵王宠爱，燕王当然愿意与你结交了。如今，你是获罪出逃，燕王忌惮赵王，又怎么会收留你呢？在蔺相如看来，燕王不但不会帮助自己，说不定还会将他押送回赵国。与其如此，倒不如自己主动向赵王请罪，或许还有机会得到宽恕。于是，听从了蔺相如的建议，果然得到了赵王的宽恕。根据这件事，就认定蔺相如是一个有智慧与谋略的人，一定可以顺利化解赵国面临的危机。

赵王听了缪贤的话，就下令让蔺相如前来，问他："秦王说用十五座城池换取本王的和氏璧，你认为可以吗？"蔺相如回答道："秦国强而赵国弱，不可不换！"赵王又问："秦王如果拿到了和氏璧，却不给我们城池，又应该怎么办呢？"蔺相如不紧不慢地说："如果不答应秦王的要求，那么理亏的是赵国；如果秦国不兑现当初的承诺，理亏的是秦国。所以，宁可先答应秦国也不要失了礼数。"

赵王想了想，觉得蔺相如说得很有道理，就问他什么人能够出使秦国，蔺相如知道可以担此重任的除了自己再没有第二个人，于是毛遂自荐，说自己愿意带着和氏璧出使秦国，甚至立下军令状，说如果秦王真的像他说的那样，给赵国十五座城池，他就会将和氏璧留在秦国，如果秦王不履行自己的承诺，他一定会将和氏璧带回赵国。赵王见蔺相如这样坚决，就准了他的请求。

蔺相如带着和氏璧来到了秦国，秦王喜不自胜，立刻在章台接见了他。蔺相如双手将和氏璧献到秦王的面前，秦王于是将这无价之宝传给后宫的嫔妃与左右侍从看，其喜悦之情溢于言表。但是，此时的秦王只顾及欣赏美玉，却丝毫不提换城的事情。蔺相如见到这种情况，知道秦王并不想履行诺言，就谎称和氏璧有一点小瑕疵，想要指给秦王看。

秦王听到他这样说，也十分好奇，就让人将和氏璧交到了蔺相如的手中，让他指出缺陷在什么地方。

蔺相如拿到和氏璧以后，就退后几步，靠在柱子上，将玉举过头顶，怒气冲冲地对秦王说："大王想得到和氏璧，写信给赵王，说愿意以十五座城池换取和氏璧。赵王将大臣们召集到一起商讨，大家都说秦王贪婪，想要用城池骗取和氏璧，所以没有人愿意将和氏璧送往秦国。是蔺相如排除众异，说平民百姓之间尚且讲究诚信，更何况是国家与国家之间呢？如果因为小小的一块和氏璧就激怒秦国，实在是不应该啊！"

蔺相如见秦王无言以对，继续正色说道："赵王听从了我的意见，戒斋五天，才派我将这珍世之宝送到秦国，而且还拜送了国书，亲自在大堂上行了大礼，这足以说明赵王对秦国的尊重。但是，秦王在得到和氏璧之后，竟然随意交给下人们看，这不仅是对使者的侮辱，更是对赵国的羞辱。"紧接着，蔺相如说："如果大王强迫我交出和氏璧的话，我就会与和氏璧一同撞在大殿的柱子上。"

话音刚落，蔺相如就握着和氏璧要往柱子上撞。秦王害怕和氏璧真的撞碎了，就赶快阻止他。假意让人拿出地图，要将城池划给赵国。蔺相如再不会相信秦王的任何话语。他向秦王提出应斋戒五天，以"九宾"之礼对待他，他才肯献出和氏璧。

秦王答应了蔺相如，一一照办。蔺相如趁此机会，让人带着和氏璧回赵国去了。到了献玉的那一天，蔺相如直接告诉秦王，和氏璧已经被带回赵国。如果秦王想要，就先将城池划给赵国，再派人到赵国去取和氏璧。

秦王没有办法，只好把蔺相如安全送回赵国。蔺相如回国后，被命为上大夫，这就是著名的典故"完璧归赵"。秦国此后也并没有把城池划给赵国，所以和氏璧的事情就告一段落了。

局势分析

秦国正处于上升期，统一六国只是早晚的事情。面对犹如豺狼的国家，赵国显得如此渺小。所以，当秦王提出要用十五座城池换取和氏璧的时候，赵王陷入了两难的境地。如果将和氏璧送到秦国，秦王必然不会履行诺言，将十五座城池送给赵国；如果不同意，必然激怒秦王，到那时就只能兵戎相见了。

此时，蔺相如毛遂自荐、挺身而出，为保护赵国的尊严与财产，机智应对残暴的秦王，以死相逼，迫使秦王履行给予赵国十五座城池的承诺，还答应戒斋五日，用"九宾"之礼招待自己，一度挽回了赵国的颜面。

事情的结局是，蔺相如不仅保住了和氏璧，也没有引发两国的战争，更为赵国争得了颜面。蔺相如完璧归赵虽然没有直接引发两国之间的战争，但为之后的秦赵之争埋下了祸根。

说点局外事

历史上关于和氏璧的记载有很多，最早见于《韩非子》与《新序》等书中。相传，在春秋时期，楚国有一个琢玉的高手，名叫卞和。卞和在一次偶然的机会于荆山（今湖北漳县）见到凤凰落到了一块青石上。古人曾经有"凤凰不落无宝地"的说法，卞和凭借自己的眼光与多年以来对于玉石的经验，认为这是一块无价宝玉，便将其献给了君王。

当时，楚国的君主是楚厉王，他将卞和献的玉石交给宫中的玉工查看，这玉工不识金镶玉，就派人对楚厉王说这只是一块普通的石头，并非美玉。楚厉王听到这些话，龙颜大怒，立刻下令斩了卞和的左脚。

厉王去世之后，武王即位。卞和见到新君即位，又捧着这块玉石去见武王，谁知，武王也不知道这块玉石，依旧交给玉工查看。怎知，这玉工依旧说这仅仅是一块普通的石头，武王又以欺君之罪斩了卞和的右脚。

武王死后，他的儿子文王即位。卞和自知冤枉，心中满是冤屈，就抱着这块玉石在楚山的脚下哭了三天三夜。直到泪水都哭干了，后来流出的竟然是血水。

楚文王知道这件事之后，就派人去问卞和为什么如此伤心。卞和说，

他并不是为了自己被砍去的腿难过，而是为这块宝玉哭泣。宝玉被误认为顽石，就好像是忠贞之人被认定为奸诈小人一般。楚文王听到这他这样说，就下令将这块玉石剖开，其中果然是举世无双的美玉，于是赐名为"和氏璧"。

渑池之会

战国时期的秦赵渑池会可谓家喻户晓。有关会盟中的斗智斗勇；秦国君臣的骄横凌人；赵王的怯懦，赵国大臣的果敢，早已脍炙人口。蔺相如临危不惧，勇斗强秦，从而力挽狂澜的高大形象，也已经印刻在脑海中。

经过"和氏璧"一事之后，秦昭襄王没有得到一丁点的好处，十分不甘心。蔺相如回国后不久，秦昭王就派兵攻打赵国，并且以迅雷不及掩耳之势拿下了石城。第二年，秦国又来侵犯，斩首二万人之多。就在赵国陷入混乱之际，秦国却派遣使臣过来和赵国和解，约定在渑池会盟。

秦国的举动让赵国的君臣陷入云雾之中，一时之间摸不着头脑，眼看着秦国气势如虹，却为什么不一鼓作气攻克赵国，反倒要与赵国会盟呢？

鉴于此前和秦国会盟的国家，并没有得到什么实际的好处，到头来还会遭到秦国的算计，左右为难的赵王将大将廉颇与上大夫蔺相如招召来商议，觉得如果不赴约，会显得赵国过于软弱，这对于赵国是很不利的。赵王碍于脸面，也深深知道这一次会盟的重要性，于是决定让蔺相如和自己一同前往。

廉颇是赵国的老臣，经历政事多年，眼光与手段都很老到，他深知此次赵王赴约定凶多吉少，于是就请求如果赵王三十日内不回国，就立太子为王，以免秦国以此为要挟，赵王同意了。赵王走后，廉颇还派重兵驻守边境，如果遇到不测，他们就可以立即行动。

公元前 279 年，赵惠文王和秦昭襄王在渑池会盟。渑池是秦赵两国的交界地，这一次的会盟虽然没有直接兵刃相见，却处处充满杀机。

酒席上，秦昭襄王仗着自己的势力强大，根本不将赵王放到眼里，经常借机羞辱他。赵王心里本来就没底，在席间也不敢说什么。秦王见此状况，就故意醉醺醺地说，自己听说赵王擅长音律，尤其是弹瑟弹得很好，于是让赵王为自己弹奏一曲，以助酒兴。赵王原本就很害怕，在这样的情况下不得不从命。但是赵王作为一国之君，在酒席上为别人弹曲助兴，不仅自己有失颜面，更是让整个赵国都有失尊严，在秦国面前矮了大半。

赵王刚刚弹完，秦王的御史就立刻上前写道："某年某月某日，秦王与赵王会盟饮酒，命令赵王弹瑟。"史官是记录和编撰历史的官吏，秦王这么做，是要将赵王被侮辱一事告知全天下。

旁边的蔺相如看到自己的国君受辱，心中又急又恨，便想要以其人之道还治其人之身。随之，他心生一计，既然赵王为秦王弹瑟，蔺相如就要求秦王为赵王击缶。秦王当然不愿意，蔺相如就大声说道，如果秦王不为赵王击缶，他就在五步之内，让自己的颈上的血溅在秦王的身上。秦王的随从们见到这种情况，想要杀死蔺相如，但是都被蔺相如视死如归的眼神吓退了。秦王无奈，只好为赵王击缶，蔺相如马上让赵国的史官也记下："某年某月某日，秦王为赵王击缶。"

秦国"偷鸡不成蚀把米"，自然不甘心，大臣们就借着祝酒的机会说道："请以赵十五城为秦王祝寿。"蔺相如自然不会示弱了，随口说道："请以秦之咸阳为赵王祝寿。"从头到尾，秦国虽然占尽了天时地利，却抵不过赵国君臣上下一心，自然不敢轻举妄动。和解之后，秦国的君臣只能悻悻地回国了。

局势分析

经过和氏璧这一事件后，秦昭襄王已经真正见识了蔺相如的才智，因此在会盟的过程中，秦王才会略显"胆怯"，答应为赵王击缶，而这也成为了此次会盟最大的亮点。从客观上来说，赵王愿意为秦王弹瑟，是因为惧怕秦王的淫威，也显示了自己性格的软弱；但是秦王愿意为赵王击缶，

不是害怕赵王，也不是害怕赵国，而是害怕蔺相如真的不顾性命撞死在自己的面前，到时就不好收场了。可以说，秦王对于蔺相如的这种惧怕，一个是来自于内在，一个来自于外在。

虽然赵国因为君臣一心，在这次会盟中没有吃亏，却依旧阻止不了秦国的发展势头。这次小小的会盟，赵王的如履薄冰，秦王的气势凌人；赵国大臣的不甘示弱，秦国大臣的强势傲慢，最终还是体现了秦国在诸侯国中独占鳌头。实际上，这次会盟的成功，廉颇与蔺相如仅仅起了一个助力的作用，其真正的原因是秦国想要统一天下的野心与企图。

这一阶段的秦赵之争虽然以"渑池之会"和平解决，但是齐国与楚国败退之后，秦赵两国就没有了后顾之忧，之前一直勉强维持的和平关系也濒临破裂，随之，新一轮的争霸之战又拉开了帷幕。

说点局外事

秦王使使者告赵王，欲与王为好会于西河外渑池。赵王畏秦，欲毋行。廉颇蔺相如计曰："王不行；示赵弱且怯也。"赵王遂行，相如从。廉颇送至境，与王诀曰："王行，度道里会遇之礼毕，还，不过三十日；三十日不还，则请太子为王，以绝秦望。"王许之，遂与秦王会渑池。

秦王饮酒，酣，曰："寡人窃闻赵王好音，请奏瑟。"赵王鼓瑟，秦御史前书曰："某年月日，秦王与赵王会饮，令赵王鼓瑟。"蔺相如前曰："赵王窃闻秦王善为秦声，请奉盆缶秦王，以相娱乐。"秦王怒，不许。于是相如前进缶，因跪请秦王，秦王不肯击缶。相如曰："五步之内，相如请得以颈血溅大王矣。"左右欲刃相如，相如张目叱之，左右皆靡。于是秦王不怿，为一击缶；相如顾召赵御史书曰："某年月日，秦王为赵王击缶。"秦之群臣曰："请以赵十五城为秦王寿。"蔺相如亦曰："以秦之咸阳为赵王寿。"秦王竟酒，终不能加胜于赵，赵亦盛设兵以待秦，秦不敢动。

楚国首都沦陷

渑池之会，秦昭襄王显然是为了稳住赵国，好腾出充足的时间来对付楚国。一直以来，秦楚两国的关系就很复杂，可谓是亦敌亦友。不过，自从秦昭襄王时期开始，楚国不仅土地辽阔，人口剧增，军事力量也日益强大。

经过吴起变法之后的楚国，势力逐渐强大起来，诸侯均对楚国忌惮万分，希望形成合纵之势讨伐楚国。公元前 279 年，秦昭襄王派遣大将白起率领秦军从汉中出发，沿着汉水来到了楚国的咽喉重地——邓城。这时候，楚国新主刚立，政局十分不稳定，再加上忠臣被逐，让尹子兰乱政，正是一举攻克它的好机会。身为战国四大名将之一的白起，这一次可以说是下了必胜的决心。秦军这一次出兵选择了沿着汉水行军，就是因为汉水两地富庶，秦军能够及时补充粮草。不仅如此，每次经过一条河，白起就下令拆桥、烧船，丝毫不给自己留退路。秦军将士见到主帅的态度这样坚决，也不自觉地提高了士气，一路上浩浩荡荡地向楚国进发。

此时的楚国根本没有能力与秦国对抗，白起的部队一路上势如破竹，很快邓城就沦陷了。邓城一战之后，秦军又盯上了下一个目标，楚国的别郡——鄢城。楚国的腹地在汉水的两岸，北边的武当山与大别山是楚国的天然屏障，邓城与鄢城就在这里。此时，邓城已经失守，如果鄢城再失陷，郢城就要面对直接的威胁。

楚国如今面临如此危机，自然不敢怠慢。为了护卫都城，楚国的精锐部队云集于此。白起让手下运来沙土，先将护城河截断，然后越过壕沟，攻打鄢城。虽然楚国的实力已经大不如从前，但是鄢城毕竟是其重要的城池，难攻是显而易见的。秦军强攻了很多次，丝毫不见成效。白起见到强攻不成，就下令登城。鄢城正好处于山谷之间，木材充足，秦军将士得到命令之后，立刻从树林中砍了很多木材，制作了很多架简易的云梯。这种云梯是专门用来攻打城楼的。

楚军见秦军攻下不成，转而攻上，也转变了策略，调来了大批的弓弩手射击城墙上的秦军，秦军因此死伤无数。虽然秦军出师不利，但是白起并没有灰心，他来到地形图前进行了一番详细的勘察，希望可以从中找到突破口。

白起发现，鄢城是借助峡谷修建的，韩国的支流夷水流经鄢城所有的山谷。白起大喜过望，决定水攻鄢城。他借助地势，修建了一条百里长的水渠，将夷水引致鄢城。水引来之后，白起又下令关闭闸门，等到水量达到一定高度的时候，就放闸，此时，浩荡的洪水就会冲向鄢城。

果不其然，白起成功了。遭遇洪水的鄢城狼藉不堪，惨绝人寰。水退之后，白起率领大军进驻鄢城，稍作休息之后就火速前往两百公里以外的郢城。鄢城的惨败，让楚人对秦军闻风丧胆，丝毫不敢抵抗，白起在前往郢城的路上可谓是顺风顺水。

西渡漳水之后，秦军立刻拿下了西陵，郢城与西面切断了联系，基本上成为一座孤城。白起顺势挥军东下，占领了夷陵。在夷陵，白起下令放火将楚国君王的宗庙烧得一干二净。眼看郢城就要不保，楚顷襄王带着亲眷向东逃去，至此楚国的都城陷落。不过，楚国并未因此灭亡。

局势分析

楚国都城陷落，秦国削弱楚国的目的也已经达到，竟陵西北的广阔领土都划入秦国的版图之内，秦国一统天下的愿望就要实现了。

当然，从客观上说，楚国国都沦陷，主要是因为楚国君主的昏庸所致。即位之初的楚顷襄王每天骄奢淫逸，不理朝政，为了享乐无所不用其极。而仅有的几个忠臣，例如屈原、庄辛等，也都被顷襄王驱逐，甚至逼得屈原投身汨罗江。

说点局外事

在中国，每一年的农历五月初五是端午节。古称重五，与九月九日称重九之意相同。又称"端五"或"端阳"。端午节是我国民间传统三大节日（春节、端午、中秋）之一，受到全国各地普遍的重视。当然，熟悉历史的人也都知道端午节是为了纪念2000多年前，我国伟大诗人屈原投江之死的。

屈原是战国时代的楚国人，年仅22的他就已经官至左徒、三闾大夫，成为楚怀王的重臣。楚怀王死后，楚顷襄王即位。刚刚即位的楚顷襄王贪图享乐，不理国事，甚至宠信奸佞，驱赶忠臣。话说屈原就遭到了驱赶。屈原眼见救国的愿望破灭了，他在极其悲痛的情况下，在公元前278年（诗人62岁时）农历五月五日投身于波涛汹涌的汨罗江。当时的楚国人因为不舍这一位贤臣含冤而死，听到这件事情之后就纷纷划船去追他；但是一直追到洞庭湖上，也没有见到他的踪影。这便形成了每年此日竞赛龙舟的起端。南朝梁时吴均《续齐谐记》中说，屈原五月五日投汨罗江之后，人们每年这个时候，把米撒入江中以祭祀他。据说东汉初年，长沙有个名叫区曲的人，曾梦遇一位自称屈原的贤士，他对区曲说："多年来人们祭我的米，都让蛟龙吃掉了，今后你们要把楝叶和米塞在竹筒里，或用芦叶包裹好，再用五彩丝缠好，因为蛟龙是害怕楝叶、芦叶和五彩丝的。"后来人们改用楝叶、芦叶和五彩丝包裹粽子，据说就是这一缘故。此后，历代沿袭下来，便演变成端午节吃粽子的风俗。

远交近攻政策

求贤若渴的君王遇到怀才不遇的臣下，自然需要深谈一番，而秦国的历史也是因为这一次谈话而发生了重要的转变。

这一天，范雎奉旨进宫拜见秦昭襄王。为了给秦昭襄王留下一个深刻的印象，这一次的会面有一点与众不同，绝对可以称得上是一部自编自导自演的好戏，而导演与演员自然就是——范雎。

随着宫中的侍从来到宫门后，范雎假装不认识宫门，冒冒失失地就要

闯进去，此时，秦王的辇正好经过宫门，宫人担心惊扰了圣驾，就对他说大王来了，让他回避一下。范雎见到机会就在眼前，大声说道："我只知道秦国有太后和穰侯，哪里有什么大王啊！"

秦王知道范雎来了，不但没有生气，反倒向他道歉，说自己早就应该向他请教，只是因为其他的事情耽误了，所以才一直拖到现在。他还说自己的能力不足，所以要以宾主之礼相交，希望范雎可以指教于他，最后邀请范雎一起乘坐辇，给足了他面子。

接下来的谈话也是范雎经过设计的，目的就是为了得到秦昭王的重视。进入宫室之后，秦王特意将左右屏退，起身恭敬地向范雎请教，但是接连问了三次，范雎都只是含含糊糊地回答，不肯说出。事不过三，秦王也觉得很不对劲，就反问道："难道先生就是不愿意教给我吗？"

事情已然到了这种程度，范雎也知道再这样下去会惹恼秦王，于是说道："当初姜太公在渭河垂钓，周文王为了请他出山费劲心力。他二人之前从不认识，但是当周文王听到姜太公的一番话之后，就将其拜为尚父，并且授予他辅国大任。在姜太公的辅助下，周终于灭掉了商，让天下得已安定。周朝有姜子牙为相，殷商也有比干这样的忠臣。他们虽然是纣王的宗亲，但是纣王不听从他们的谏言。比干甚至被处以挖心极刑，纣王就这样将自己的天下拱手送给了他人。我如今在异乡漂泊，原本受到大王的疏远，但是我接下来说的每一句话都涉及到兴亡大事，骨肉至亲。大王问了我三遍，我之所以不回答的原因就是不知道大王对我的建议是不是有诚意。我并不是担心成为比干，只要您愿意采纳我的一件，就算是让我去赴死也心甘情愿。如果我的死可以换来秦国的兴盛，那么我也算是死得其所了。"

范雎的这番话十分有深意，可以说他为之后所提的治国方略做好了铺垫。秦王听他说"骨肉至亲"也猜出了几分意思。于是，对他说已经摈弃一切责任，让他大胆直言，无论说到任何亲贵都不会加以怪罪。

范雎见秦昭王如此诚恳，心中十分感激，但是他担心隔墙有耳，仍然不敢把最关键的话说出来，先是以天下的大势分析敷衍了一番。他说，秦国的地势险要，这是各诸侯国都没有办法相比的，而且秦国的兵力强大，可以说所向披靡。秦王继承穆公之业，继承孝公之余烈，但是谋图天下的大业至今都没有完成。秦国闭关守国十五年的时间，没有一丝一毫的进展，都是因为大臣不忠，国君的计谋不够远大。

秦王听他所言，就问自己的过失在什么地方。范雎此时终于说出了重点——大王多年采用魏冉的"远攻"策略就是最大的错误。在范雎看来，秦国多次发兵远攻都欠考虑，尤其是越过韩国与魏国去攻打齐国更是不明智的选择。秦国与齐国的距离甚远，韩国、魏国等有时横亘其中，如果出兵太少，无法起到震慑的作用，可是出兵太多，将士们跋山涉水，到了战场上已经疲惫不堪，最重要的是，会造成后方军备空虚，实在是有百害而无一利。

范雎这些话一说出口，秦王如醍醐灌顶，连称"高明"。既然指出了错误，就要提出新的措施了。

范雎接着提出废去"远攻"的策略，而采取"远交近攻"的策略。远攻是损己利人，但是近攻却是步步为营。

秦王同意范雎的看法，于是向他请教了"远交近攻"的具体策略。其实这个策略很好理解，远交的目的就是离间东方各国，让它们无法形成合纵之势，近攻就是谋求中原之地，扩张自身的领土范围。首先攻打韩国、魏国，然后拿下齐国、楚国，如此就可以将天下都掌握在自己的手中。

秦王听到这个计谋之后大喜不已，立刻拜范雎为客卿，让他帮助自己图谋天下大业。不仅如此，他还立刻停止讨伐齐国，转而讨伐距离自己比较近的韩国与魏国。范雎是一个流亡之人，身份如此卑贱，竟然能够得到秦王的提拔，自然会成为众矢之的，且不说大臣们对于范雎的嫉妒之心，就秦王突然之间改变战争的策略，就立刻招致了魏冉等一些老臣的不满。

此时，秦国的朝廷呈现出这样一种态势，以魏冉为代表的亲权贵胄不满秦王这样宠信范雎，依然坚持"远攻"。但是，那些曾经受到魏冉打压的大臣见到范雎逐渐得势，就依附他形成了另外一股势力。正所谓"一山不容二虎"，眼见朝廷内部的矛盾越来越深，范雎知道扳倒魏冉的机会来了。如果借此机会铲除旧势力，不但有助于推行他的"远交近攻"的政策，自己也可以高枕无忧，因为魏冉的靠山是宣太后。

有一天，秦王召见范雎。君臣两个人同处一室，身边并没有侍奉的人。范雎见这个机会来了，就进言说："大王这样信任我，我却无能为报，只是之前所说的安秦之计还没有说完，希望大王可以给我一个机会，让我把话说完。"

此时的秦王对于范雎已经十分信任，听到他这样说，就说："有话直说吧！"范雎说道："我之前在山东的时候，只知道齐国有孟尝君，却不知道有齐王。到了秦国，只知道秦国有宣太后与穰侯，却不知道有秦王。依照常理来说，一个国家的军政大权应该掌握在君主的手中，他人怎么可以干涉呢？但是现在宣太后依仗着国母的身份，与穰侯一起擅权竟然达到四十多年。秦王虽然贵为君主，却有名无实。穰侯远攻齐国，表面上是为了国家的利益，实际上是损公肥私。之前，齐国因为崔杼掌权，齐庄公死于非命；赵国也因为李兑掌权，赵武灵王竟然饿死在沙丘。现在，秦王的地位也是岌岌可危，穰侯仗着自己是皇亲，在外面肆无忌惮，惹怒了诸侯。但是秦王身边的人也多是太后的人，我只怕秦王会赴齐庄公与赵武灵王的后尘啊，到那时，秦国不就是魏冉的天下了吗？"

范雎的一席话正好说到秦王的心坎里，于是他决定收回多年在外戚手里掌握的政权。但是魏冉毕竟是太后的亲弟弟，秦王看在亲戚的分上，没有杀了他，只是收回了他的相印，让他回到自己的封地养老。

至此，范雎的仕途总算平坦了。

局势分析

历史上，关于范雎"远交近攻"策略的相关记载有很多。不得不说，相对于魏冉的"远攻"而言，范雎的这一策略精妙至极。这一点，从以往的战役中就可以看出。以魏国攻打中山国为例，魏国当初就是越过赵国远攻中山，虽然战胜，但是所得到的土地被距离中山国更近的赵国分走，所以说，远攻即便取得了胜利，所得到的战果也十分有限。再回到伐齐一事上，如果攻而不克，秦国就会成为各个诸侯国的笑柄，但是如果战胜，秦国在齐国的土地也迟早会被魏国与赵国抢走，所以说，远攻等于为别人作嫁衣。

范雎的智慧不仅表现于此，他在得到秦王的信任之后，还一举铲除了以魏冉为代表的一群守旧势力，帮助秦王获得军政大权。这件事情发生之后，范雎平步青云，仕途再无阻碍。

可以说，范雎的上台是秦国历史上的一个转折点，至此，秦国会在这颗冉冉升起的政治新星的带领下走向全新的辉煌。

▌说点局外事▐

太后称谓，是从宣太后开始。宋代高承《事物纪原·卷一》云："《史记·秦本纪》曰：昭王母芈氏，号宣太后。王母于是始以为称。故范雎说秦王有独闻太后之语。其后赵孝成王新立，亦有太后用事之说。是太后之号，自秦昭王始也。汉袭秦故号，皇帝故亦尊母曰皇太后也。"

太后专权，也是从宣太后开始。宋代陈师道《后山集·卷二二》云："母后临政，自秦宣太后始也。"她以太后身份统治秦国长达三十六年之久，而且大大发展了国力，"东益地，弱诸侯，尝称帝于天下，天下皆西向稽首"（《史记·穰侯列传》）。

长平之战

经过秦孝公、秦惠文王的努力，秦国的实力已经足以让秦昭襄王产生统一六国的想法。在秦昭襄王统治初期，发生的大大小小的战争不计其数。不过，由于各个国家的实力不同，能够与秦国相匹敌的，也就是只有齐国与楚国了。

公元前 262 年，秦昭襄王听取了范雎提出的"远交近攻"的策略，派遣兵士攻克韩国野王（今河南省沁阳市），将韩国直接拦腰斩成了两截。韩桓王担心秦国会进一步发动进攻，打算将上党郡（今山西省长治市一带）献给秦国，作为向秦国求和的礼物。但是韩国的上党郡郡守冯亭却另有打算：他主张将上党郡献给赵国，如此就能够将秦国的军队引致赵国，从而减轻了秦国对于韩国的压力；另一方面可以借此结好赵国，韩、赵两个国家联合起来抵抗秦国的军队。于是，冯亭派人来到了赵国，赵孝成王认为不费吹灰之力就得到了上党郡，这是天上掉馅饼的好事情，于是就高兴地派人前去接收。秦王眼见自己到嘴的肥肉要被赵王抢走，当然不乐意，于是派王龁领兵攻取上党。赵军屯驻在上党郡的兵力非常少，哪里抵挡得住秦军的进攻，于是被迫退到了高平（今山西省高平市西北）防守。

赵王听说了秦王东进的消息，于是派遣大将廉颇带领大军前往长平，抵抗秦军的猛烈进攻。秦强赵弱，当前对于秦军最有利的便是速度战，而赵军则更加适合持久战。

开始的战争因为双方实力的对比，让赵国吃了一场败仗。廉颇是赵国的老将，在战场上能够根据情况改变战术。之后廉颇重新调整战术，率领主力退守长平以北，静观其变。

秦军虽然气势强大，毕竟是在别的国家作战，如果一直对秦军的攻打置之不理，会挫伤秦军的锐气，赵军反而可以因此保存实力，等秦军士气衰竭的时候发动攻击，才可以增加获胜的概率。廉颇的退守战术，在赵国的国君看来是退缩不前。他不断催促廉颇主动出击，廉颇沉住气，没有听国君的命令。之后，双方进行了一场持续了3个月的激烈战斗。秦军占领了两处要地。廉颇依旧退守丹河不出。这让秦军吃不消了，接连的战争，让秦军也死伤不少。加上廉颇的防守策略，他们的士气有所下降。在丹河面前，双方僵持了三年都没有任何结果。昏庸胆小的赵王以为廉颇是一个贪生怕死之辈，多次对廉颇进行责备。秦王见战争旷日持久，迟迟无法攻克长平，就采用范雎的离间计，派人携带千金重礼到邯郸去贿赂赵王左右的人，并且散布流言说："廉颇老了，容易对付，而且他就要投降了！秦国最怕的是赵括。"赵王听了，决定召回廉颇，派赵括去代替廉颇作统帅。

　　赵括是赵国大将赵奢的儿子，由于是大将之后，他从小熟读兵书。不仅学习了整套兵法，对于用兵行军的道理，也可以说得头头是道，心高气傲的他自认为天下第一。有时，还会与父亲赵奢进行争论。但是，赵奢太了解自己的儿子了，他只会夸夸其谈，并没有真实本领。赵奢曾经对自己的妻子说："打仗是一件关乎生死存亡的大事情，但是赵括却能够简而化之。今后赵国不需要赵括带兵也就罢了，如果真的让他成为了将军，那么断送赵军的一定是他。"

　　赵王只知道赵括是名将之后，却不知道赵括的实际能力。听信谗言的赵王，此时已经被战争冲昏了头脑，他只想着打一个漂亮的胜仗，让这场战争尽快结束。宰相蔺相如深知赵括的实力，他不想让赵国葬送在这个年轻人的手中。于是不断劝谏赵王："赵括只会读他父亲的兵书，却不会在实际中灵活运用，这怎么能做大将呢？"赵括的母亲也遵从丈夫生前的意思，将赵括的品性一一告知国君。她还当面对赵王说："赵奢做大将，与部下相处融洽，连得到的赏赐都会分给下面的将士；受命以后，从来不过问家事。可是如今的赵括呢？刚刚受命就已经表现出盛气凌人的模样，会见诸侯将领时，大家都不敢抬头看他；大王赏赐的金帛，他一点不剩全部拿回家，购买田地房屋。随便哪里他都不能够与他的父亲相比啊？大王千万不可让他带兵作战。赵王对用兵打仗一窍不通，他对赵括的母亲说："这件事你就不要管了，我已经拿定主意了。"

　　面对这两个人的劝谏，赵孝成王根本没有听进去。他宁愿相信这个赵括能给秦、赵之间的对战带来一线转机。

　　赵括挂上帅印，率领着赵国援军，一路上浩浩荡荡地来到了长平，替代廉颇成为赵军的主将。刚到前线的他，就立刻改变了廉颇那一套军规命令，更换了将领，撤除了廉颇的防御部署，命令部队进行出击准备，企图一举打败秦军，夺回上党。

　　秦王听说赵国已经任用赵括为主帅，心中甚是高兴，认为打败赵国的机会来了。他任命秦国名将白起为上将军，改任王龁为偏将，增派了攻赵

部队，制定攻打赵国的作战方案。他还下令全军将士保守机密，谁也不准将白起担任主将的消息泄露出去，以免引起赵军的怀疑。

白起针对赵括鲁莽轻敌、毫无作战经验的特点，决定对赵军采取迂回包抄的战略战术，而且进行了详细部署：第一，在长平组建成一个袋形的阵地，以主力部队坚守营垒，以防赵军突然进攻；第二，将原来驻守在第一战线上的军力作为诱敌军力，告诉他们一旦受到赵军的攻击就向长平方面撤退，将敌人引入包围圈；第三，在长平的两侧分别布置了精兵两万人，准备出其不意地插入赵军的后方，断其粮草，并且协助长平的兵力，对赵军进行全方面的包围战；第四，另外再派出骑兵五千人插入赵军营垒的中间，将赵军分为两部分，让其首尾不能相连。

公元前260年8月，骄傲轻敌的赵括果然指挥赵军对秦军发起了大规模的进攻。秦军的先头部队假装不敌慌乱撤退。身为主帅的赵括果然不察虚实，下令让赵军进行追击。当赵军抵达长平的时候，就遭遇了秦军的顽强抵抗。此时，布置在长平两侧的四万秦军立刻出动，直插赵军后方，抢占了西壁垒（今山西省高平市北的韩王山高地），构建成了一股包围之势。五千名骑兵也迅速插入，往来突袭赵军。赵军连续发动了几次突围，都没有成功，只好就地构筑营垒，由进攻改为防御，等待援军到来。

秦军包围赵军的捷报传到秦国的都城咸阳（今陕西省咸阳市西北）的时候，秦王亲自来到了河内（今河南省沁阳市一带），把当地15岁以上的男丁全部带到这里组成军队，调到长平战场，占据长平东北面的高地，切断了赵括的粮草之路。在秦军的重重围困之下，赵军的增援部队不能进入，军队的补给也断了。9月，赵军断粮已经49天之久，士兵们一个个都饿得头昏眼花，逼迫之下，只能相互杀食，情势十分严峻。赵括组织了四支突围部队，一齐鸣鼓突围，试图找到突破口，但是接连突围了五六次，都以失败告终。绝望之中的他，决定挑选出一支精锐部队，披上盔甲，骑上战马，由他亲自率领，强行突出重围。出乎意料的是，赵括刚出现在阵前，就被秦军乱箭射死。赵军痛失主将，犹如无头苍蝇一般，完全乱了阵脚。秦军趁机发动猛烈进攻，将赵军打得落花流水。长平之战，以秦军大胜，赵军惨败而告终。

此时，赵军的将士，精神已经到了崩溃的边缘，赵括一死，他们再也坚持不住了，纷纷缴械投降。四十万兵士，全部将兵器卸下，全等着秦军给他们一条生路。可是这次秦军的将领是白起，白起不会让这些人安然回家。他没有对这些投降的士兵采取宽容态度，而是将这四十万将士全部坑杀！只留下年龄较小的两百多人送还给赵国。

赵军被坑杀的消息传到邯郸，赵孝成王除了后悔、悲痛，就是将除了赵括母亲以外的赵括三族诛杀。长平战败，让刚刚有起色的赵国再也无力和其他诸侯国作战。整个赵国笼罩在悲哀的阴云中。

局势分析

长平之战，秦军前后共歼灭赵军 45 万人，取得了军事上的重大胜利。这场战争素来被称为"春秋战国历史上最惨烈的战争"，不仅因为它让赵国的势力锐减，也因为它的规模之大，伤亡人数之多，让当时的诸侯国为之一震。

赵国因为接受了韩国献与的上党郡，将秦国的威胁顺利从韩国的身上转移到赵国，不得不说是惹祸上身。秦国争取上党郡的最终目的就是打通通往赵国的道路，这次韩国献城，正为秦国提供了契机，师出有名的秦国因此更加理直气壮。

在这场战役进行的过程中，胆小如鼠的赵王因为听信谗言，让纸上谈兵的赵括取代了老将廉颇，导致了战争的失败。这不仅仅表现了赵王的昏庸，更表现了秦国在攻打六国时策略的多样性，他们不限于用直接的武力攻击，也通过瓦解他国政权，挑拨君臣关系来达到胜利的目的。

从秦国方面来说，实行"远交近攻"孤立了赵国，运用反间计使赵国更换了主将，又采用了后退诱敌、分割包围等正确的战略战术。这些虽然对战争的胜利起到了一定的作用，但是最重要的原因，是赵国君臣轻率任性，不自量力，在毫无把握的情况下，贸然选择与强敌进行对战。赵括这个"纸上谈兵"的军事家惨遭失败，对一切只会说空洞的大道理而不注重实际的人，都是一个惨痛的历史教训。

说点局外事

蔺相如是春秋战国时期赵国的大臣，颇有才能且见多识广。因为多次捍卫赵国的尊严，地位在名将廉颇之上，这让廉颇很不服气，还对别人说："我廉颇攻无不克，战无不胜，为赵国立下了无数功绩。蔺相如仅仅是凭借一张嘴，有什么能耐，反倒爬到我的头上了，下次见到他一定要狠狠地羞辱他一番。"蔺相如听说之后，就尽可能地少于廉颇见面，每一次出门，都会避开廉颇，有时候还会称病免朝。

有一次蔺相如外出，远远地就看到廉颇的车马过来了，连忙让车夫从小路绕行。蔺相如手下的人对于他这样卑微的做法感到十分羞辱，纷纷要求告辞还乡。蔺相如执意挽留，并且十分耐心地对他们解释道："大家认为廉将军与秦王相比，哪个厉害？"大家都说："当然是秦王了。"蔺相如说："这就是了，普天之下的诸侯都对秦王胆怯，但是为了赵国，我敢在秦国的朝廷之上斥责他，怎么会害怕廉颇将军呢？你们的心情我是可以理解的，但是，你们有没有想过，强大的秦国之所以对赵国有所忌惮，是因为赵国有我与廉颇将军。如果两虎相斗，势必两败俱伤。我不计个人恩怨，处处让着廉将军，是从国家的利益着想啊。"听了这番话，大家都消了气，打消了告辞还乡的念头，反而更加尊敬蔺相如了。

后来，有人将蔺相如的话告诉了廉颇，廉颇深受感动，万分愧疚，认为自己的心胸竟然如此狭窄，实在是对不起蔺相如，于是决定当面请罪。一天，他脱下战袍，赤着上身，背着荆条，来到了蔺相如的府上，"扑通"一声跪在地上，泣不成声地对蔺相如说："我是一个粗人，力量小，见识短，没有想到您对我竟是如此宽容，我实在是没有脸面再与您见面，请您打我吧！就算是把我打死了，也心甘情愿。"蔺相如见到这样情景，立刻将廉颇扶起来，紧抱在一起。从此两人消除了隔阂，加强了团结，同心协力，保卫赵国，强大的秦国更加不敢侵犯赵国了。

秦灭东周

经过多次的王位之争，周朝已经日渐衰落。周王室到周赧王时期，已经变成了一个空壳子，地盘在东迁之后，实际也只剩下洛阳和附近的小一片地方。各个诸侯国不对这个周王室下手，是怕将国家置于众矢之的，招致杀身之祸。

东周王室的最后一位君主——周赧王统治时期，周朝已经分裂为东周与西周两部分。此时的周王室的地位已经是徒有虚名，还要极力讨好各个大国，甚至要向秦国缴纳一定的税务和提供兵源。其实，任何一个诸侯国都有能力让周朝灭亡。不过，诸侯国担心招致"以下犯上"的罪名，戴上"不忠不义"的帽子，当然，此举必然会成为众矢之的，成为其他国家讨伐的对象。环顾列国，有能力与胆量冒天下之大不韪的就只有秦国了。特别是经过长平之战后，东方的六国已经完全不能够与秦相抗衡，所以，秦灭周仅仅是时间问题了。

此时，在大国纷争中苟延残喘的周赧王，只能躲在洛阳城内，为秦国攻打其他的诸侯国提心吊胆而已。

公元前 257 年，秦昭襄王向战败国赵国索要土地，赵国这次没有乖乖奉上城池，而是再次联合了其他国家，倾尽全国之力，与秦国进行了一场殊死搏斗。赵国虽然惨败，但是对秦国提出的割地要求还是不愿意接受，但是赵孝成王被打怕了，又不敢直接拒绝秦国提出的要求。最后采取了大臣的建议，联合其他诸侯国，一起抵抗秦国。

秦昭襄王得知赵国这番举动，自然怒上心头。他马上要派兵攻打赵国，要让赵国知道不听话的后果。赵国将全国的主要物资和军力都集中在了国都邯郸，孝成王准备在都城和秦军决一死战。秦军打到邯郸的时候，由于赵国早做了准备，秦军久攻不下。经过两次激战，秦军的兵力也损失

不小，加上赵国用计，让小队人马不断骚扰秦军兵士，秦军上下人心惶惶，士气也遭到挫败，占不到什么大便宜。

昭襄王得知此事，临时更换主帅，继续围攻邯郸。赵国的军士被围困时间过长，已经没有足够的粮食来充饥，士气一下子低落下去。秦国不断发动攻击，让战争的优势慢慢转向了自己这边。

赵国的平原君看到情势对自己不利，马上计划到其他诸侯国请求支援。可是，解困赵国的国家之一是魏国，魏国因为此前多次受到秦国的教训，担心秦国会转而攻打自己，所以不愿意派兵支援邯郸。

就在平原君为难之际，魏国的信陵君魏无忌出现了。魏无忌素来与平原君交好，而且觉得魏王做的不对，所以愿意为解救赵国出一份力。可惜的是，信陵君有心无力，靠自己的一腔热血并不能击退秦军。他的门客侯生就为他出了一个主意——窃符救赵。信陵君按照侯生的计划，让魏王最宠爱的如姬帮助他偷出兵符。兵符在手，又将当时不服的魏国将领杀死，信陵君掌握了兵权，带着八千人马去赵国解救邯郸了。

楚国、魏国共同出兵帮赵国解围，加上为自己祖国不惜牺牲生命的赵国勇士，这次抗击秦国取得了胜利。秦国虽然因此丢失了之前侵占的土地，但是根基没有受到动摇。反而是获得胜利的赵国，也没有因为这次胜利，而使自己的国力得到大的提升。

秦国攻打赵国吃了败仗，消息传到楚国之后，楚王想要借此机会削弱秦国的势力，就怂恿周赧王以天子的名义号召各国联合攻打秦国。周赧王听后十分高兴，以为自己翻身的机会终于到来了，不顾大臣们的强烈反对，即刻召集军队，并且向洛阳城内的富商购买了武器与粮饷，准备攻打秦国。第二年，周赧王派西周公率领五千人到伊阙，等待其他的六个国家一同来攻打秦国，结果，一直等待了三个月的时间，才等到了楚国、燕国等一些老弱病残，而其他的四个国家迟迟不来。临时拼凑的区区三万人马，因为等待的时间太长，早就已经不耐烦了，军心十分涣散，根本没有办法与几十万如狼似虎的秦军对抗。西周公在无可奈何之下只能带着自己的人马无功而返。

这一下，周赧王不仅没有攻下秦国，反倒因为之前筹备的军费已经被吃得精光，变得负债累累。为了躲避债主的讨要，周赧王躲进宫内的一座高台上，这便是"债台高筑"典故的由来。

周王室联盟抗秦，让秦昭襄王震怒，也让秦国有了最好的理由，给周王室写一个结局。

秦昭王于是派兵攻陷了周王城洛阳的外围，接着就直扑洛阳城。周赧王吓得赶紧逃跑，原本他打算逃亡韩、魏两国，但是有人劝说他："秦国吞并六国已是大势所趋，韩国、魏国也不会幸免，大王与其到那个时候被俘受辱，还不如趁早投降，或许会有一个相对好的结局。"周赧王想着，看来仅剩下投降一条路了。于是，率领大臣与宗室到祖庙哭拜一番后，就带着家眷与地图投降秦国。秦昭王封他为周公，命其居住在梁城，并夺取了周的九鼎。从此，东周就变成了一个秦国的封地小国。公元前 249 年，秦庄襄公派遣吕不韦率领军队攻灭了东周七邑，将东周公遣往人聚（今河南临汝），铲除了东周王朝的最后一股势力。到此，周朝正式宣告灭亡。

局势分析

周王室从公元前 770 年周平王迁都到洛阳开始，到前 256 年被秦国所灭，前后总共经历了 25 代君主，历经 515 年，是中国历史上分裂统一的大变革时代。周朝在历代君王的发展下，渐渐衰落，但恰恰相反的是，诸侯国的实力却越来越强大，以至于越来越不将这个所谓的政治中心放到眼中。秦昭襄王时期，周王室更是沦到被任人宰割的地步。

为了挽回失去的颜面，周赧王决定绝地反击，与诸侯国合纵抗秦。可是，被利益冲昏头脑的周赧王过于大意，忽视了以往的合纵教训与当前各国间的矛盾和利益冲突，以致无功而返。

周王室此举，正好为秦国提供了机会，让其可以名正言顺的出兵灭周。在灭周之后的十几年里，秦国对东方的国家发动了攻势。诸侯国为了保全自己，纷纷联合起来抗击秦国。此时的秦国已经占据了绝对的优势，

不论那些国家如何挣扎，都免不了被秦国吞并的结果。

说点局外事

平原君的小老婆在楼上看到邻居是一个瘸子，走起路来一瘸一拐的，忍不住笑起来。这让这个残疾人士十分不满，找到平原君说："我们来投靠你，不正是因为你尊重士远胜于女色吗？但是，现在你的小老婆看到不幸却讥笑不已，对我实在很不尊重，希望你可以杀了她！"平原君虽然心中不以为然但是口头上还是答应了，等到那个人走之后，说："为了你一个瘸子，杀掉我最喜欢的女人，这样赔本的买卖我才不做呢！"那些在平原君门下的食客一听说平原君如此歧视一个残疾人，纷纷离他而去。平原君这才慌了，因为这些吃白食的虽然平常没有什么大用，只能出些小主意，却是他"好客贵士"名声的保证，否则如何跟其他三位公子并列呢！于是赶紧把自己的小老婆杀掉，并且向那位残疾人士道歉，这样才多少挽回了一些士的心。

第三章 繁华盛世，帝国雄风

落魄嬴政登基

他的出生似乎是一场"投机行为"的结果，他的童年是在颠沛流离与孤独背叛中度过的，他从少年时期起，就要独自面对复杂、纷乱与危机四伏的世界，他就是后来的千古一帝——秦始皇嬴政。

公元前259年，秦始皇嬴政在赵国的邯郸悄悄出生了。与其他的王室子弟相比，嬴政的诞生与任何一个普通孩子一样，没有众人的关注，也没有热闹的庆祝，但谁都没想到，他竟然能够一统天下，做了始皇帝。而他的父亲只是秦国交换到赵国的人质，他的母亲赵姬也只是赵国一位极其普通的女子。

嬴政的父亲异人是秦国赫赫有名的昭襄王的儿子。虽然异人身为秦国的王子，却因为自己的母亲是一个不受宠的侧妃，所以才被送到赵国做质子。但是，秦国并不将质子的安全放到心上，不久就撕毁了与赵国的合约，甚至要攻打赵国，赵王在愤怒之余，说要将异人杀死。幸亏大臣劝阻，异人才捡回一条命。但是从此被取消王子的待遇，过着落魄的生活。

就在这种凄凉的日子里，异人遇到了改变他命运的人——吕不韦。吕不韦是一个商人，具有精明的头脑与过人的胆识。在吕不韦的帮助下，异人成为了秦国安国君的宠妃华阳夫人的嗣子，并且赐名子楚。后来，子楚因为机缘巧合结实了赵姬，并且在一年之后生下了嬴政。

公元前258年，秦国再一次出兵攻打赵国，二十万秦军攻破邯郸。身处赵国的已经成为华阳夫人嗣子的异人一家的生命危在旦夕，吕不韦买通了看管子楚的官兵，救出了子楚，却将赵姬母子留在了赵国。子楚与吕不韦两个人混进了邯郸城外的秦军军营，见到了秦军的统帅，在说明子楚的身份之后，秦将立刻派人将子楚与吕不韦送回秦国，子楚回到秦国之后，整天忙着巴结华阳夫人与安国君，吕不韦也忙着在朝廷之中广撒钱财，为子楚的未来铺平道路。两个人似乎都将赵姬母子抛到了九霄云外。

赵姬带着儿子嬴政在吕不韦的朋友帮助下逃到了一个偏僻的小村落中生活，等待着夫君前来营救。没有父亲陪伴的嬴政成为其他孩子嘲笑的对象，村子里面的孩子都称呼他为"弃儿"。父亲的离弃，别人的嘲笑，都让小小的嬴政承受着巨大压力。

两年后，赵姬与嬴政才回到邯郸城。赵国是当时最有希望、实力最强的能够与秦国一争天下的国家，其都城邯郸的经济、文化都十分发达。生活在这样的城市里，童年的嬴政见识到了丰富多彩的世界。与秦国宫殿里的王孙们相比，嬴政真实而深刻地感受了"天下"的一切，过着更加自由的生活，也具备了开阔的眼界与敏锐的观察力。

慢慢地，嬴政从一个懵懂的婴孩，成长为对世界、对天下有初步认知能力的少年。经历了太多的颠沛流离，承受过孤独背叛之后的嬴政也变得敏感、多疑、多思、不安全感十分强烈。

此时，他的父亲子楚也戏剧性地登上了秦国的王位，直到这时，子楚才派人从邯郸接回了嬴政与母亲，十岁的嬴政终于回到了秦国。

对于嬴政而言，父爱是奢侈的，因为父亲在他回国四年之后就因病而亡。历史上关于子楚的死因有诸多猜测，怀疑是吕不韦为了谋求更多的权力而下毒将子楚害死。虽然这些猜测并没有得到证实，但是关于阴谋的流言蜚语却伴随着这个年仅 13 岁的少年。因为年纪幼小，母亲赵姬不具备处理国家大事的能力，执政大权就落到了吕不韦的手中，嬴政称呼吕不韦为"仲父"。

主持不了朝政的少年帝王开始着手一项令人费解的工程，为自己修建陵墓。因为，小嬴政当年被父亲抛弃在赵国的时候，见惯了皇宫里所不能见的世态，见到了战争对于生命的无情摧残，见到了生老病死的残酷轮回。所以，当他登上最高统治地位可以俯瞰众生的时候，就只有一件事是自己无法预料的，那就是死亡。父亲刚刚即位三年的时间就去世了，年仅36岁，还没有来得及为自己修建归宿之地，自己的大伯也是在当天子的时候猝然离世，根本连权力的峰顶都没有到达。而少年嬴政则刚一即位就开始为自己修建陵墓。

局势分析

嬴政的父亲异人因为得不到父亲安国君的宠爱，而被送往赵国做人质，从此过上了形同俘虏般的生活。因为父亲异人的悲剧，才造就了童年嬴政的悲惨。

嬴政出生之后不久，秦赵之间的战争再次展开，父亲异人为避免遭到赵国国君的毒害，偷偷回到秦国，却将嬴政母子留在了赵国。哪知，父亲一去不复返。父亲的离弃，周围人的鄙视，让嬴政的童年承受了巨大的压力。

可以说，嬴政的童年是灰色的，见惯了生老病死、明争暗斗，从小经历太多的孤独与背叛的他比生活在皇宫内的王孙们更早地成熟起来，正是因为这样，才塑造了他多疑多思、凶狠残暴的性格，并最终让其成为千古一帝。

说点局外事

一天，吕不韦走在街上，看到对面来了一个人，只见那人面如傅粉，唇若涂朱，虽然衣冠平常，但却尽显贵族之风。吕不韦忍不住暗暗称奇。等到那个人走过去之后，他问近旁一个小贩："请问刚才走过去的那个人是谁啊？""他是……"

原来，这个人是异人，秦昭襄王之子安国君的儿子。安国君有20多个儿子，但是全都不是正房华阳夫人所生。异人的生母名叫夏姬，因为不得宠又死得早，所以，在秦赵渑池之会后两国互相交换人质的时候，异人被从秦国送到了赵国，从此过上了非人一般的生活。

听到小贩这样说，吕不韦思考片刻之后哈哈大笑起来，说道："哈哈，他真是奇货。这奇货，可以先囤积起来，然后做一笔大生意。哈哈哈哈！"

吕不韦先花了重金与监守异人的公孙乾结交，然后结交了异人。有一次，他与公孙乾、异人一同喝酒到半酣，趁着公孙乾暂时离开的机会，吕不韦问异人道："秦王渐渐老了。太子安国君最宠爱的华阳夫人又没有儿子，你兄弟20多人，没有一个受宠，你为什么不借此机会回国，找华阳夫人求做她儿子。这样，你以后才会有立储的机会啊！"

异人含泪回道："我又何尝不希望这样呢？但是，我现在身在异国他乡，实在想不出什么脱身的计策啊！"吕不韦说："这个好说，我可以想办法把你救出去！"异人说："只要你可以救我回国，日后如果有荣华富贵，你我共享！"

为了救异人回国，吕不韦来到了秦国的都城咸阳。不久，吕不韦就打听到华阳夫人有一个姐姐也在咸阳城内。为了可以见到华阳夫人，吕不韦先想方设法与其姐姐相识，并且取得了对方的好感。接着他便把异人如何贤德，如何思念故国，如何想要认华阳夫人为生母等，详尽地说了一番。他的话，将华阳夫人的姐姐深深打动了。

一天后，华阳夫人的姐姐去见华阳夫人。她又把吕不韦对她说的话陈述了一回。华阳夫人大喜，当即，她便表示愿接异人回国，并收留在身边。就这样，异人才获得了回国的机会。

嫪毐太猖狂了

嫪毐是咸阳城内的一个地痞，以"大阴"著称，整天无所事事，又沉迷于女色，犯了奸淫之罪，等待判决，此时，改变其一生命运的人——吕不韦出现了。为何一个街头无赖会得到秦国的丞相吕不韦的赏识呢？这就要从头说起了。

秦庄襄王去世之后，太后新寡，年纪还不到 30 岁，所以，不久就与吕不韦旧情复燃。国家大事全部掌握在吕不韦手中，可是，随着秦王嬴政逐渐长大，吕不韦只怕自己与太后继续暧昧下去，会被秦王发现，引火上身。所以，必须与太后脱离关系，但是又需要找一个人来满足太后。于是，吕不韦就从民间打听有没有合适的人可以担负如此"艰巨"的任务。嫪毐就是在这样的情况下逐渐走入吕不韦的视野的。吕不韦将嫪毐从牢狱中释放出来，派人剃了他的胡子与眉毛，假装对其进行了宫刑，然后将其悄悄送到了宫里。

太后一见到嫪毐，就十分喜欢，很快两个人就形影不离、如胶似漆了，竟然让年纪已大的太后怀孕了。两个人因此十分惊慌，因为太后做出这样的事情，一旦传出去必然成为笑柄。此时，吕不韦作为知情者，成为了两个人的救命绳。吕不韦出了一个主意，让太后说自己生病了，再让嫪毐花钱贿赂占卜师，故意说太后居住的宫中有鬼，需要外出躲避一段时间。

嬴政或许已经知道了吕不韦与母亲之间的关系，无奈的是，自己的年龄太小，无法整治吕不韦，只希望母亲可以离这个人远一点。这一次母亲主动提出要离开王宫，嬴政自然很快答应了。就这样，太后与嫪毐就来到了僻静无人的郑宫逍遥快活，越发肆无忌惮了。这样一个市井混混，太后竟然在两年之内为他生了两个儿子。在太后的指使下，嫪毐步步晋升，封长信侯，赐山阳为封地（今太行山东南）。后来，又将河南的太原郡封给嫪毐，更名为商国。

但是嫪毐并不满足于从太后那里得到的赏赐，而是抓住一切机会攫取财富与权力，四处扩张势力。他在商国修建了宫室，制备了华车，铸造了一千多个金人。嫪毐在秦国的政治舞台上迅速崛起，以他为中心形成了一个可以与丞相吕不韦相抗衡的势力集团。

随着嬴政逐渐长大，嬴政与嫪毐之间潜在的矛盾逐渐明朗化。嫪毐深知，自己是一个宦官，干预政事是有违国家制度的。至于与太后私通，更

是会被嬴政，被王室、大臣所不容的。于是，他就着手准备篡夺秦国的最高权力。为了给自己的儿子铺平道路，嫪毐竟然与太后商量："等到嬴政死后，就让咱们的儿子即位。"

此时，22岁的嬴政已经到了亲政的年纪，依照秦制的规定，亲政之前必须要举行冠礼，就在此时，有人告发说："嫪毐根本就不是宦官，经常与太后在一起鬼混，而且已经生下了两个儿子，将他们养在密室里。而且，嫪毐正在策划要废掉秦王嬴政，另外立他与太后所生的儿子为王。"得到这个消息之后，秦王嬴政立刻下令彻查嫪毐。嫪毐见东窗事发，狗急跳墙，趁着嬴政到郑宫行冠礼之际，盗用了秦王的玉玺，征调了兵士发动了武装叛乱，企图将秦王嬴政杀死。

接到报告后，嬴政立刻派左丞相昌平君率军从郑宫赶往咸阳。嫪毐叛军还没有离开咸阳，就被从郑宫赶来的军队团团包围。经过一场激战，叛军被斩数百人，其余的四散奔逃。嫪毐及部分同党也在混乱中逃走了。

嬴政回到咸阳后，对平叛有功的人按照功劳大小封爵，宫内宦官参加平叛的，也受到封赐。并下令："将嫪毐生擒的人，赏赐金钱一百万；将嫪毐杀死的，赏赐金钱五十万。"这个命令一下达，嫪毐手下的士兵全部倒戈，嫪毐集团所有人全部被捕。刚刚掌握政权的嬴政，以其临危不乱的气魄与刚毅果断的作风，迅速彻底地平定了叛乱。

平定叛乱后，嬴政亲自带着士兵到郑宫搜查，在密室中搜到了太后与嫪毐所生的两个儿子，命人将其装入布袋中乱棍打死，收回了太后的玉玺，并将其软禁起来。嫪毐等人被处车裂，灭三族，那些与嫪毐有关系的大臣全被斩首。而吕不韦也因送嫪毐进宫，被革职流放，途中自杀。

局势分析

年轻太后宫中寂寞，与旧爱吕不韦重新燃起爱的火花。可是，随着秦王嬴政一天天长大，吕不韦不得不为自身的权力、地位乃至生命考虑，于是将街头混混嫪毐招进宫里，也正是从这一刻起，吕不韦、嫪毐、太后成为了一条绳子上的蚂蚱。只要一人落网，其他人都逃脱不掉。

随着嫪毐与太后的关系日近，嫪毐的野心也越来越大，甚至萌生了废黜秦王嬴政，另立自己儿子登位的念头。于是，他开始肆无忌惮地组织自己的集团势力，希望有一天可与吕不韦、嬴政相抗衡。眼见，集团势力越来越庞大，眼看要"咸鱼翻身"的时候，他与太后的丑事却浮出水面，面对这突如其来的危机，狗急跳墙的他发动了宫廷叛乱，也正是这场叛乱才最终宣告了他的死期。

吕不韦也因为是将嫪毐送进宫的人，亦被嬴政革职流放，伤心欲绝的他终于死在了流放的途中。

可以说，秦王嬴政亲政之初，就露出了他的"狰狞"面目，毫不犹豫地扫除了嫪毐与吕不韦的两大集团势力，实现了其独治天下的愿望。

说点局外事

历史上关于嫪毐之乱的记载很多，譬如：

《战国策·魏策四》中曰：

秦攻魏急。或谓魏王曰："弃之不如用之之易也，死之不如弃之之易也。能弃之弗能用之，能死之弗能弃之，此人之大过也。今王亡地数百里，亡城数十，而国患不解，是王弃之，非用之也。今秦之强也，天下无敌，而魏之弱也甚，而王以是质秦，王又能死而弗能弃之，此重过也。今王能用臣之计，亏地不足以伤国，卑体不足以苦身，解患而怨报。

"秦自四境之内，执法以下至于长挽者，故毕曰：'与嫪氏乎？与吕氏乎？'虽至于门闾之下，廊庙之上，欲之如是也。今王割地以赂秦，以为嫪毐功；卑体以尊秦，以因嫪毐。王以国赞嫪毐，以嫪毐胜矣。王以国赞嫪氏，太后之德王也，深于骨髓，王之交最为天下上矣。秦、魏百相交也，百相欺也。今由嫪氏善秦而交为天下上，天下孰不弃吕氏而从嫪氏？天下必舍吕氏而从嫪氏，则王之怨报矣。"

李斯谏逐客

秦王嬴政因为韩国派间谍混入秦国的事情而震怒。于是下令将六国客卿逐出秦国。身为外来客卿的李斯凭借过人的智慧和出众的文采，写下了千古流传的名篇《谏逐客书》，劝说秦王嬴政收回成命，最终感动了秦王嬴政，逐客令也随之废除。

平定嫪毐之乱后，秦王嬴政并未放松警惕。嫪毐发动门客叛乱，让嬴政不得不思考关于门客的问题。正好此时又发生了一件事，那就是韩国派去秦国一位名叫郑国的水利工程师，这位工程师其实是打着兴修水利的旗号来做间谍的。当时，各国没有常备军队，而是全民皆兵。如果修建类似于郑国渠这样的大型水利工程，就需要征用大量的青壮年劳力，消耗大量的财力物力。韩国本打算借此计来拖住秦国吞并韩国的步伐，从而获得暂时安宁，没想到，就在郑国渠即将完工之际，这个阴谋被发现了。

秦王嬴政为了彻底解决门客，尤其是间谍问题，就颁发了逐客令。此令一出，全国上下一片哗然。因为那时来秦国谋求出路的人非常多，这下都要急急忙忙地另寻出路了。而有一个人，虽然也在被逐之列，但他不甘心就这样灰头土脸地离开秦国，这个人就是后来辅佐秦始皇统一天下的丞相李斯。

李斯本是楚国上蔡人，出身平民家庭。他跟随儒家大师荀子学习完"帝王之术"后，与当时其他胸怀大志、希望建功立业的人一样离开了本国，来到了最强盛的秦国。开始，他投奔到吕不韦门下，获得吕不韦赏识后，便晋升为秦王嬴政的侍卫郎。利用职务之便，李斯向秦王上书《论统一书》，劝说秦王现在应该抓紧时间消灭诸侯国，实现统一天下的愿望，成就一番帝国霸业。这封书信受到了秦王嬴政的大加赞赏。很快，李斯就从郎升任仗恃，后来又被拜为客卿，专门制定吞并六国、统一天下的部署和策略。但就在自己前途一片光明的时候，"逐客令"颁布了，李斯当然不甘心就这样离开。

在离开咸阳的前一晚，李斯奋笔疾书，将满腔悲愤化为后世广为传颂的《谏逐客书》，奏请秦王后，收拾行囊，准备离开秦国。在《谏逐客书》中，李斯这样说道："臣认为驱逐客卿是错误的。从前，秦穆公招募贤士，从西方犬戎请来由余，从东方宛接来百里奚，从宋国请来蹇叔，从晋国招至公孙枝。秦穆公正是因为有了这些从外国而来的先生，才兼并了20多个小国，最终称霸西戎。秦孝公任用商鞅，推行新法，最终实现了政治安定，国力强盛。秦惠文王正是采纳了外来人才张仪的计策，才能够攻占三川，西并巴蜀，北收上郡，南取汉中，囊括九夷，占据了别国的土地，拆散了六国的合纵联盟。秦昭襄王正是因为得到了范雎，才能够罢黜穰侯，驱逐华阳君，加强了王权，遏制了贵族势力的发展，一步步吞食其他各国，成就了秦国的霸业。这四位君主，都是依靠外卿才建立了功业。那么，如此看来，客卿有什么地方对不住秦国呢？如果当初这四位君主没有接纳外卿，疏远贤士，那么秦国也就不会有现在雄厚的实力了。

"如今，大王拥有昆山美玉、和氏璧、随侯珠、悬挂明月珠、佩戴太阿剑，乘骑千里马，树立翠凤旗，这几件宝贝，哪一件是出自于秦国呢？大王却依然喜欢他们，这是为什么呢？如果您只用秦国出产的东西，那么您的朝廷就不可能有夜光之碧玉，您也不可能玩犀牛、象牙制成的器物，也不可能拥有来自于郑国与卫国的美女，不会有北方来的骏马、江南制造的金锡、巴蜀的颜料。如果大王只听秦国的音乐，那么，就只能敲瓮击缶，弹筝拍腿，但是现在为什么要放弃这些而听郑国与卫国的音乐呢？这不是为了让自己更加快乐吗？

"但是，大王却不是这样用人的。不管行或者不行，有理或者没理，大王都一概责令所有外来的客卿，这只能说明您轻视人才，却重视音乐、美色、珠宝与美玉。这样，大王又将如何统一天下呢？

"泰山之所以高大在于不舍弃任何土壤，河流深广在于不排斥任何细流，帝王的恩德是因为不拒绝任何百姓，五帝三王之所以天下无敌，就是因为不舍弃东南西北的土地，不拒绝其他国家的民众。大王现在抛弃客卿，就等于抛弃人才，不就是在帮助敌国，增强他们的实力吗？大王排斥客卿，让他们不敢进秦国，不就是成就其他诸侯国吗？这就是'送敌人武

器，供强盗粮食'。东西虽然并不是秦国出产的，但是珍贵的有很多，贤能人士虽然不是秦国人，但是愿意效忠的并不在少数。现在，大王驱逐客卿帮助敌国，损害百姓而有利于敌人，对内削弱自己，对外结怨诸侯，要是依然想要国家安稳，实在是不可能。"

秦王读完了李斯的《谏逐客书》，十分感动，或许是怕"以资敌国"，担心逐客之后大量的人才会被敌国所用，或许是因为李斯的言辞恳切，真情流露，最终打动了秦王。秦王立刻下令，不惜一切手段，要将李斯追回来，同时取消了逐客令。此时的李斯万万都没有想到秦王会派人将他带回秦宫。

李斯的命运从此改写。再次见面的秦王与李斯，就像当年的秦孝公与商鞅那样，促膝长谈。李斯也同商鞅一样，为秦王分析了天下态势，说明了其他诸侯国的优势与劣势，认为："秦国多年以来的离间、挑拨与分化，已经彻底瓦解了诸侯国的联盟行动，诸侯现在基本上是内部相互争斗，秦国现在应该借着它们兵祸不断，迅速消灭它们，一统天下。"这一番话正好说到了秦王嬴政的心坎上，他鼓励李斯继续说下去。

李斯又说："想要消灭六国，先要消灭韩国。因为韩国的地少民弱，很容易征服。最重要的是，消灭韩国之后，一方面可以起到杀鸡儆猴的效果，让天下为之一震，另一方面可以增强秦国军士的信心。这就是'先弱而后强'。"讲完之后，李斯拿出了地图，与秦王一同讨论具体的战事策略。

对于秦国内部，李斯说："秦国原本没有私斗，民风淳朴，崇尚为国捐躯，看重法律，这是从秦孝公时期的商鞅变法之后遗留下来的良好风气。但是自从吕不韦主持朝政开始，秦国原本的好风气受到了影响，百姓渐渐变得自私自利，唯利是图起来，从而不顾国家大事，用不了多少时间，就会让经济衰败，国家混乱。所以，要重新实施商鞅之法，重农抑商，发展国家的经济，节制私人资本的发展，积累国家的财富。"

李斯的分析与见解让嬴政热血沸腾，这些正是嬴他日思夜想所要得到的。接着，君臣二人又为秦国的下一步发展进行谋划：如何管理内政，以及如何吞并韩国。

自从李斯上书后，秦王嬴政便取消了逐客令，广招各国贤才。

局势分析

由于嫪毒门客参与叛乱、韩国策动"间谍案"，让年轻的君主嬴政下达了"逐客令"："凡他方游客，一律不准住在秦都咸阳城内；凡在秦国为官的他国人士，一概削职，限三日内离开秦国。"身为客卿的李斯也在被逐之列，但他并不甘心就这样离开秦国。于是，在临走之前，将自己的满腔热情转化为劝谏之词，从政治、经济、文化等各个方面，历数逐客之弊，言辞恳切，感情真挚。正因为这番肺腑之言才最终感动秦王，取消了"逐客令"。

人才是国家富强的根本，秦国虽然缺乏养士的传统，但是它完善的客卿制度，为吸纳贤才发挥了积极作用。但秦王嬴政掌权后，因为"间谍案"而下达"逐客令"。差一点毁了秦国八百年来招揽宾客的传统，幸亏李斯的一篇《谏逐客书》及时纠正了秦王的错误决定，让秦国广纳贤才，完成了统一大业。

不知是历史的必然，还是历史的巧合，倘若没有那篇《谏逐客书》，秦国的历史又该是怎样一番景象呢？

说点局外事

年轻时的李斯，怀抱远大理想，希望将来干出一番大事业。但转眼八年已过，因得不到上司赏识，只是在郡府的粮仓里做文书，每天也就是在竹简上记录几笔粮谷的出入。平淡的差事，乏味的日子，狭小的生存环境，何谈大展宏图。可下面这件事情的发生，使李斯受到启发。

有一天，李斯到粮仓外的一个茅房如厕，看见有老鼠在不停乱窜，在粪坑内寻找食物。这些老鼠缩头探脑，饥瘦如柴，肮脏不堪。此时，他不禁联想到了自己目前的处境，不就如同这茅厕里的老鼠吗？而那些藏在粮

仓里的老鼠，一个个吃得肥大壮硕，毛皮油亮，神气活现。此情此景令李斯幡然醒悟。人生如鼠，环境不同，地位就不同，命运不也就不同了吗？于是，他立刻辞去了那份粮仓文书的差事，离开家乡上蔡郡，历经周折，拜到一代宗师荀子门下。后来又辗转来到秦国，将家安在了都城咸阳，并住进了气势恢宏的丞相府。

小韩就这样没了

韩国是战国七雄中最弱小的一个，又是秦国向东扩张领土的第一个屏障，所以，灭韩国也就成为了秦国统一全国的第一步。

和赵国一样，韩国是在公元前403年，三家分晋的时候出现在战国版图上的。韩国自建国以来，各代君主虽然也有称霸之心，却并没有让这个国家发展起来，一直是战国七雄中力量最弱小的一个。不要看韩国弱小，其位置却非常引人注目，称得上是兵家必争之地。

公元前237年，秦王嬴政与李斯制定了统一全国的战略方针，决定先攻打最弱小、地位却相当重要的韩国。李斯建议："秦国应该先攻打赵国，消耗赵国的实力，让其不能够干扰秦国灭韩，这样拿下韩国就容易多了。"公元前236年，秦国趁着赵国攻打燕国的时候出兵攻赵，赵国毫无招架之力，被夺取了漳河流域、西部的太行山要塞、东部的河间。第二年，秦将桓齮再一次攻打赵国的平阳等地，第三年，乘胜追击的秦国深入赵国的后方，直逼赵国邯郸。赵王迁立刻调回了赵将李牧，对抗来势汹汹的秦军。李牧凭借出色的指挥才能，以及李牧军队在长期对抗匈奴的战斗中练就的实力，终于击退了远道而来的秦军。

秦国虽然没有攻下赵国，但是已经得到了削弱赵国的目的。于是就按照原定计划由近及远逐一歼灭的方针，集中精力攻打韩国。

公元前233年，当秦王嬴政的大军挺进韩国的时候，当时的韩王安就乱了阵脚，乖乖向秦国纳地献玺，正式成为了秦国的藩臣。在这场战争中，韩国所失去的并不仅仅是七雄之一的地位，还有韩非。

其实，韩国也曾有过能富强的机会，上天曾送给韩王安一个韩非。但没有人能假设如果由韩非辅佐韩王，韩国是不是有雄起的可能。可事实上，韩王安连这个假设的机会都不会给。对韩非的多次进言，多次提出的治国方略，韩王安身为一个弱国之主，却始终没有理会韩非。此时的韩王安就如同王安石笔下的那名歌女一般，"年年犹唱，后庭遗曲"。此时的韩国，从上到下都透露出一种分崩离析的态势，而这种态势正好给了一直对它虎视眈眈的秦国一个良机。

在此之前，秦国谋士尉缭提出了一个分化策略，简单地说，就是用财物去贿赂各国的权臣，利用这些权臣扰乱六国的合纵想法。在这个过程之中，分化的不仅仅是六个国家彼此之间的关系，更要从每个国家的内部进行分化渗透，离间君主与臣子之间的关系。面对韩国此时的情景，正好让这个策略有了可行之机。因此，秦王嬴政就开始在韩国培养亲秦势力，企图用这股势力来控制韩国。最后达到灭韩的目的。

在这一次的分化策略上，秦国选择了韩国南阳郡郡守腾。腾是当时韩国仅存的少有的能臣之一。公元前231年，尉缭的内部分化在韩国起作用了，就是在这一年，内史腾主动投降秦国，并且将所统领的南阳地全部献给了秦国。秦国轻而易举地接受了韩国一块土地，让疆域原本就狭窄的韩国变得更加窘迫。而赵国呢，因为实力已经被秦国消耗大半，面对秦国对韩国的恶意挑衅，却无力相救。

南阳郡一失，原本就已经束手无策的韩国除了静静地等待死亡的来临，再也不能够进行任何反抗了。这一年9月，秦国任命腾为南阳郡的内史，并且依靠这块被进献的土地，向韩国发动攻势。内史腾率军攻破韩国都城，俘虏了韩王安。从此，韩国在历史舞台上消失了。

◄ 局势分析 ►

统一天下是秦王嬴政的梦想，随着秦国的实力越来越强，梦想也逐渐变成了现实。在李斯与尉缭的谋划下，秦国首先削弱赵国的实力，让赵国无暇顾及韩国。达到目的后，又开始分化韩国内部势力，离间君臣关系，让原本就分崩离析的韩国更是雪上加霜。最终，秦国灭了韩国。

韩国的灭亡，给了秦王嬴政更大信心，这种信心是李斯与尉缭所不能给的。韩国的灭亡说明了秦国确实能够采取更个击破的策略，而挑拨离间的手段更是屡试不爽。秦灭六国的道路已经成功迈出了第一步，或许只有在这个时候，秦王嬴政才真正觉得自己与他的祖先是不一样的，因为他们没有做到的事情，嬴政做到了！

秦灭六国的战略有两个内容，一是"灭诸侯，成帝业，为天下一统"。秦嬴政采纳了尉缭破六国合纵的策略，"毋爱财物，赂其豪臣，以乱其谋"，从内部分化瓦解敌国。二是继承历代远交近攻政策，确定了先弱后强，先近后远的战略步骤。这个战略步骤可以概括为三步，即笼络燕齐，稳住楚魏，消灭韩赵，然后各个击破，统一天下。

说点局外事

韩非子语录：

1.法莫如显，而术不欲见。（意为：法一定要让人明了，而术一定不能被人觉察）

2.虚则知实之情，静则知动者正。（意为：置身事外，才会看清真相；保持冷静，才能制定出行动原则）

3.虚静无事，以暗见疵。（意为：保持虚静无为的状态，往往会从隐蔽的角度得知他人的行为漏洞）

4.故去喜去恶，虚心以为道舍。（意为：所以应该将亲近好厌恶等情绪一并抛弃，才能成功地使用权谋之术）

5.君无见其所欲。（意为：君主不应该表露自己的喜好）

6.去好去恶，臣乃见素；去旧去智，臣乃自备。（意为：君主隐藏自己的好恶，才会得见臣下的本来面目；抛去旧有的成见，不显露自己的智

慧，才会让臣下各守其职）

7.人主好贤，则群臣饰行以邀君欲，则是群臣之情不效。（意为：君主喜欢任用贤能之士，那么臣下就会自我粉饰迎合君主）

8.群臣见素，则大君不蔽矣。（意为：群臣本来的面目显现出来，那么君主就不会受到蒙蔽了）

9.是故去智而有明，去贤而有功，去勇而有强。（意为：不用智慧可以明察，不显贤能可以成就大业，不逞勇武依然强大）

10.见而不见，闻而不闻，知而不知（意为：看见就好像没看见，听到好像没听到，知道好像不知道）

11.道私者乱，道法者治。

12.不吹毛而求小疵。——《韩非子·大体》

13.胜而不骄，败而不怨。——《商君书·战法》

14.民之性，饥而求食，劳而求快，苦则求乐，辱则求荣，生则计利，死则虑名商君书。

15.千里之堤，毁于蚁穴。——《韩非子·喻老》

轮番攻赵

秦王嬴政吞灭韩国之后，将进攻的目标转向了赵国。因为赵将李牧的顽强抵抗，秦军久战无功。最后，王翦使用反间计害死李牧，第二年秦国就攻灭了赵国。

秦国在吕不韦做丞相的时候，就一直奉行"联燕抗赵"的政策。当时，秦燕联盟，燕太子丹到秦国做人质，而秦国派张唐到燕国担任丞相。因为张唐怎么都不去，吕不韦在无奈之下只好派遣12岁的神童甘罗去说服他。最终，甘罗不仅成功说服了张唐，还以"秦不干涉赵国侵犯燕国"作为条件，说服了赵王送给秦国很多土地。这一下，秦国改变了"联燕抗赵"的政策，赵国也更加放心地侵占燕国的土地。吕不韦死后，燕国使者到秦国

游说秦王嬴政，同时，李斯也建议应该首先攻打实力比较强的赵国，消耗其实力，为秦灭韩做好准备。秦王醒悟，立刻背弃了与赵国的约定，转而攻打赵国。

公元前 236 年，秦国派遣王翦与桓齮分别率领大军从东西两个方向攻打赵国的漳河流域与西部的太行山要塞、东部的河间各城。赵悼襄王被秦国的突然袭击搞得措手不及，气得差一点吐血身亡。

公元前 235 年，赵王迁即位。他的母亲是一位歌姬，受到母亲的影响，赵王迁十分喜欢音乐，但是对于处理国家大事却昏庸无能。此时的赵国已经远不如当年廉颇、蔺相如、赵奢等人才济济的盛世了。此时，蔺相如与赵奢都去世了，廉颇又不受赵悼襄王的重视，也悲愤地逃到了魏国，只剩下了北部驻守边疆的李牧这一员大将。

公元前 234 年，秦将桓齮率领军队再一次攻打赵国的平阳、武城，杀死了赵国的将军扈辄，斩首十万，第二年，又乘胜出兵，越过太行山深入敌后，攻占了赤丽、宜安，直逼赵国邯郸。赵王迁急忙将驻守北方的大将李牧调回邯郸。第二天，李牧率领北抗匈奴的二十万大军南下抗秦双方军队在宜安相遇，厮杀起来。李牧是赵国的三朝元老，曾北击匈奴，攻伐燕国，战功卓著。他是战国时四大名将之一，深谙对付秦军之道。

李牧料到，秦军节节胜利，必然士气高涨。此时和秦军主力决战，胜算不大。所以他依旧采用筑垒固守、避免决战的策略，以此拖垮秦军，然后伺机反攻。秦军主将也了解李牧的战术，秦军确实不适合打持久战。于是，秦将桓齮就攻占肥下，想要李牧出击，好让双方正面交战。而李牧一眼就看出了桓齮的诡计，未出兵支援肥下。当夜，趁秦军主力离开大本营去攻肥下的机会，李牧率军偷袭了秦军营垒，一举拿下了秦军的大本营。

待秦军反应过来，急忙返回迎战。李牧早就料到他们会回来，就摆好阵势，只待桓齮上钩。桓齮正在气头上，直接朝李牧布置好的陷阱冲进去。结果可想而知，秦军这次出兵没有占到一点儿便宜，反而被赵国打了一记耳光。

宜安一战，李牧也被赵国国君封为武安君，和秦国大将白起封号相同。而秦国虽然没有取得胜利，却也达到了削弱赵国实力的目的。接着，秦国就集中精力攻打韩国。公元前231年，秦国攻占韩国的南阳，第二年，秦内史滕俘虏了韩王安，灭掉韩国，将所有的领土收为颍川郡。

灭掉韩国后，秦国自然就将目光转向赵国。公元前231年，赵国发生了大地震，祸不单行，第二年又遇到大旱。整个赵国陷入饥荒中，给了秦国可趁之机。公元前229年，秦国再次派王翦攻打赵国都城邯郸，赵国此时虽然国内危机尚存，但大将能力犹在。赵国再次派李牧迎战，王翦遇到这样一个对手，也无计可施。

最初，秦军兵分两路进行攻击，一路直取赵国邯郸，另一路东进番吾。李牧认为，邯郸南面有漳水和长城，秦军一时难以攻下。所以他命令司马尚驻守邯郸。自己则亲自率军和番吾一路的秦军进行较量。这次较量过后，秦军被李牧赶出了赵国。另一路军队抵挡不了司马尚和李牧的联合攻打，和另一路秦军相汇之后，不战而走。秦军两次受挫，都是因为赵将李牧。

一筹莫展的王翦意识到，只有将李牧除掉，才可以攻下赵国。于是王翦用重金贿赂赵王的宠臣郭开，让他向赵王进献谗言，污蔑李牧与司马尚是同党，意图谋反。其实，李牧与王室之间积怨已久，李牧还曾经劝说赵悼襄王不要整日迷恋一个歌姬，这位歌姬就是赵王迁的母亲。郭开因为擅长溜须拍马，深受赵王的信任。之前，廉颇就是因为郭开对赵王进献谗言，所以被迫离开了赵国。这一次又要轮到李牧被诬陷。赵王一样对郭开的话深信不疑，立刻撤销了李牧与司马尚的兵权，让赵聪与颜聚代替。李牧知道赵聪与颜聚都是无能之人，如果将赵军交到他们的手中，赵国必然会失败，所以拒绝服从赵王的命令。赵王误以为李牧已经胆大包天，有背叛之心，连君王的命令都不听，于是派人将李牧抓回邯郸。

赵王故意在宫中设宴，向李牧赐酒，同时，让一个名叫韩仓的奸臣在一旁刺激李牧："大王亲自向你敬酒，你却双手紧紧地握着匕首，其罪当诛。"李牧立刻解释道："臣的胳膊有残疾，原本就伸不直，身材又高大，所以下跪的时候够不到地。因为怕对大王不敬，所以臣叫木工做了一截假

肢接在了手上，哪里是什么匕首啊？"说完就把袖子里的木头假肢拿出来给赵王看，赵王却不予理睬。韩仓在旁边添油加醋说："你不用再多做解释了，大王已经将你赐死，哪里还有宽恕的机会。"无可奈何之下，李牧只好拔剑自刎。

大将李牧的死，让赵国军队士气低落，加上国内的灾荒，赵国百姓已经无法抵抗秦军的攻击。秦国军队势如破竹，王翦在几个月时间里，攻到了赵国的都城邯郸。

赵国的公子嘉，在保卫都城的时候，毫不退缩，率众英勇抵抗。可是赵王迁却顶不住了，他听了郭开的话，将城门打开，投降了王翦。赵王被俘虏，赵国灭亡了，邯郸成了秦国的一个郡县。公子嘉则逃出了邯郸，带着族人跑到一个叫做代的地方，自立为王。

局势分析

除秦国外，赵国是各诸侯国之中实力最强的一个。虽然有大将李牧的奋勇抵抗，但也没能阻止赵国的灭亡。

在秦赵之战中，赵将李牧成为了关键性人物。在赵国内忧外患的情况下，李牧能够稳定军心，将秦军的进攻挡在门外。充分显示了李牧在运用战略战术上的娴熟，和实战经验的丰富。面对赵国的名将李牧，秦国名将王翦无计可施。李牧死了以后，军队士气的急转直下，军中人心不稳，让秦军钻了空子，赵军从此一蹶不振。由此可见，李牧的死是赵国灭亡的直接原因。在这件事上，赵国国君不信任老将，听信谗言，临战换将，都是兵家大忌。而李牧的"将在外君命有所不受"，更加重了谗言的力量。赵国君臣的做法，是李牧被害的主要原因。

为了取得胜利，秦国的手段显得有些下作。在统一六国的过程中，秦国多次运用类似的手段。不论以什么样的形式，秦国的唯一目的就是击垮各国，实现统一。

说点局外事

历朝历代，对于李牧的评价都是很高的。

李牧是战国末年东方六国最杰出的将领，深受百姓与士兵的拥护与爱戴，有着崇高的威望。在一系列的作战中，他一次又一次地重创敌人，显示出了高超的军事指挥艺术。特别是在破匈奴之战和肥之战，前者是中国战争史中以步兵大兵团全歼骑兵大兵团的典型战例，后者则是围歼战的范例。他的无辜被害，让赵国的长城自毁，也让后人深感叹息。胡三省注《通鉴》时，将李牧的被害与赵国的灭亡联系在一起："赵之所侍者李牧，而卒杀之，以速其亡。"司马迁在《史记·赵世家贸》中说赵王迁"其母倡也"，"索无行，信谗，故诛其良将李牧用郭开"。司马迁因赵王而迁怒其母，可见其何等义愤。苏洵说："洎李牧以谗诛，邯郸为郡。惜其用武而不终也。"前一句说得有道理，如果不杀李牧，秦赵还得比一下高低。

荆轲刺秦燕国灭

随着周王室逐渐退出历史舞台，秦国大一统的戏码开始上演，在攻打其他国家的时候，出现了一件让秦国上下十分惶恐的事情，那就是荆轲刺秦。

秦国在夺取九鼎之后，经历了短暂的秦孝文王时期，就到了秦王嬴政的统治时期。

秦王嬴政野心勃勃，在李斯的辅佐下，灭了韩国和赵国。又把目光转向了燕国，燕国此时不想坐以待毙，就想出了刺秦王的计策。

公元前228年，赵国灭亡。相比秦国来说，燕国弱小，为了保全自身，只好准备再次联合其他的诸侯国共同抗秦。

提出共同抗秦的人是燕国的大臣鞠武，他将自己的想法告诉了当时的燕国太子，太子丹。太子丹认为秦国的势力已经没有诸侯国可以抗衡，就算可以联合在一起，也不一定能够打过秦国。况且，此前的联盟都是前车之鉴，太子丹最终选择了一个更快的方式，这个方式不用浪费大家的时间和兵力，只要一名勇士就可以完成，那就是行刺秦王。

擒贼先擒王，太子丹的想法不无道理，所以在鞠武的帮助下，他很快找到了一个合适的人选，这个人就是鞠武认识的一个游侠荆轲。

荆轲出生在齐国，后来迁到卫国，最后到了燕国。

荆轲是一名游侠，他也有远大的理想抱负，只是一直没有得到别人的赏识。他为人稳重，也喜欢读书，游历各国的时候，在燕国遇见了高渐离，两人十分投缘，经常在一起喝酒。一个叫田光的人赏识他的才能，得知太子丹的计划以后，就将荆轲介绍给了他。

田光知道刺杀秦王这件事不能透露出去，因此再三嘱咐荆轲之后，便自杀了。荆轲见到太子丹之后，将事情原委告诉了他，太子丹自责之余告诉荆轲此次行刺的原因。

荆轲开始的时候有所推辞，说这关系着国家命运的大事，自己没有那个能力来担当如此大任。太子丹十分着急，他再三叩首请求，才让荆轲答应下来。行刺的人定了下来，燕国太子更加重视这个中心人物。

说是行刺，其实无论成功与否，荆轲都没有活着回来的可能。太子丹对荆轲更好了，他将荆轲尊为上卿，每天到他的住处奉上各种吃的用的。

荆轲知道这次的行动关系着什么。没有合适的理由，就没有办法接近秦王。荆轲建议太子丹将秦国叛将樊於期的项上人头先给秦王，秦国正在捉拿这个叛将，如果可以得到他的人头，自己才有下手的机会。

太子丹不忍心杀害樊於期，荆轲就直接找到樊於期，将刺秦的事情全部告知。并且告诉他，如果可以取得秦王性命，那么不仅可以为樊於期报仇，还可以为诸侯各国雪耻。樊於期也是一个深明大义的人，听了荆轲的话，便答应了，没过多久他就自杀了。

太子丹知道樊於期自杀，心中悲痛，还去为这位将军送行。而荆轲此时将樊於期的人头放到了一个精致的匣子里，准备了一把锋利的匕首，在匕首上涂抹了毒药，然后卷入献给秦国的地图中，等待行刺那天的到来。

都准备妥当，太子丹还让名扬燕国的秦舞阳跟着荆轲一起去了。出发的时候，太子丹在易水边上为他们送行。志趣相投的高渐离也在此时为荆轲奏曲一首，目送荆轲度过易水河。

来到了秦国的荆轲，首先要做的就是面见秦王。他通过贿赂秦王身边的大臣孟嘉，得以出现在自己的目标秦王的面前。

荆轲捧着樊於期的人头，和秦舞阳一起进了咸阳的大殿。燕国实力较弱，秦国的那些大臣们本来就看不起他们。这次面见秦王的还有一个孩子秦舞阳，秦舞阳看到咸阳宫里的阵势，顿时吓呆了，荆轲赶忙向秦国解释一个孩子没见过世面，不必计较。

秦王也没有计较，既然是来奉献人头和土地的，秦王很是高兴。看了匣子里的人头以后，让荆轲拿出地图来。

荆轲走到秦王面前，一手拿着地图，一手慢慢将地图打开。当地图快要完全打开的时候，荆轲趁秦王还没有从地图上回过神来，一手将地图里的匕首拔出，一手将秦王的衣袖抓住，将匕首直向秦王刺去。

秦王这才缓过神来，急忙挣断衣袖，没时间多想，立刻从原地跳了出去，才避免被荆轲刺伤。宫里的臣子还没有反应过来，荆轲看第一刀没有刺中，就追着秦王而去。秦王慌忙中，绕着宫里的一根柱子转。

这时的一个太医把药箱砸向荆轲，秦王才有机会拔自己身上的佩剑。由于佩剑过长，秦王拔了几次都没有拔出来。慌乱之中有一个大臣告诉秦王，从背后拔出剑来，秦王这才拔剑刺伤了荆轲的左腿。

荆轲靠在柱子上动弹不得，只得将匕首向秦王掷去，匕首没有刺中秦王，却打在了旁边的柱子上。秦王趁机又对着荆轲乱刺一番，荆轲知道这次行刺失败了，就靠着柱子笑着说要生擒秦王。

四周的人一拥而上，将荆轲乱剑刺死。

在咸阳宫里动手，秦王差点死在荆轲的匕首下，他对燕国又恼又恨。他立即命令大将王翦攻打燕国。

燕王喜和太子丹对秦国的攻势手足无措，只好又联合其他国家抗秦，结果还是一样没能成功。王翦在公元前277年，到达燕国易水河畔，与燕国交战。这次战争中，太子丹看没有希望取得胜利，就逃到了辽东。王翦趁机追赶，围攻蓟城。

逃到辽东的燕王父子也没有那么幸运，王翦任命李信为将军，直奔辽东追击他们。李信带领的秦军和太子丹在衍水相遇，双方交战，燕国的军队无法抵挡秦军的攻势，太子丹逃回了辽东。

李信为了给秦王报仇，写信给燕王喜，告诉他如果将太子丹杀死，把首级献给秦王，秦国可以放燕王一条生路。燕王喜真的就相信了秦王的话，逼迫自己的儿子自杀，将脑袋献给了秦王。

李信将太子丹的脑袋带给了秦王，终于解除了心头之恨。但并未就此停手，而是让一名秦国将军驻守蓟城。王翦则继续率军向辽东方向进攻，最后俘虏了燕王喜，燕国灭亡了。

局势分析

荆轲刺秦的莽撞行为，是发生在秦国统一六国的时代背景下。对于秦王来讲，这是众多刺杀中的一个。对于燕国这样的国家，这次刺杀就意味着自己国家被灭亡的时间快到了。其实，刺杀成功与否，都改变不了燕国的结局。如果刺杀成功，秦国还会有其他的君王即位，秦国的实力并不会因此而产生明显变化，秦国统一的步伐只是略有延缓，并不会停止不前；如果刺杀不成功，那就是燕国比预计的时间早一点灭亡。

经过灭亡韩国和赵国，燕国几乎可以看到自己的下场。太子丹采用这种方式，很显然是迫于无奈，六国之中，已经没有可以和秦国抗衡的。眼看自己就要被灭国，任何一个君王都不愿意看到的结果。

荆轲刺秦只是众多诸侯国被灭之前，垂死挣扎的表现之一。有的国家不声不响地消失了，而有的国家是拼死反抗争取希望，还有的国家就和燕国一样，不和秦国的军队正面冲突，而采取刺秦这样的方式，想让自己的国家生存下来。

当然，荆轲是一名勇士，他无所畏惧的精神，值得后世称赞和敬仰。他的英勇无畏，与诸侯国的苟且偷生，形成了鲜明对比。

燕王喜在逃亡途中，听说可以用儿子的头颅来换自己的命，便不顾亲情，逼迫太子丹自杀，并将头颅献给秦王。足见各国想要生存下去的迫切希望。这次刺杀加速了燕国的灭亡，燕国被灭以后，秦国的步伐依然矫健。其他国家一一被灭，秦统一六国就在眼前。

◆ 说点局外事 ◆

荆轲（公元前227年），又名庆卿、荆卿、庆轲，卫国朝歌（今河南鹤壁）人，战国时期著名刺客。

荆轲好读书击剑，为人慷慨侠义。他游历到燕国，被田光推荐给太子丹。秦灭赵后，燕太子丹与田光、荆轲密谋行刺秦王。秦国叛将樊於期得知实情，自刎以成全荆轲。荆轲遂携樊於期人头及燕督亢地图进献秦王。出发时，他吟唱《易水歌》以告别。秦王在咸阳宫中接待了他，他在献地图时，图穷匕见，刺秦王不中，被杀。

魏国无力回天

秦灭韩、灭燕之后，就会按照原定的计划进军魏国，围攻魏国的大梁。因为大梁城的防御工事十分坚固，秦军强攻无效，于是决定水淹大梁城。魏国死守三个月，最终投降，魏国灭亡。

秦国灭掉韩国后，原本计划进攻魏国，却没有想到燕国会派遣荆轲刺杀秦王，秦王一怒之下，将主攻的方向转向了燕国。公元前226年，王翦攻打燕国的都城蓟城，燕王喜退守到辽东地区，杀了太子丹宣布求和。秦国在北方取得了基本的胜利，接着按照原来的计划进军魏国。这一次，率

领军队攻打魏国的统帅是王翦之子王贲。

秦国处于魏国与楚国之间，如果贸然进攻魏国，楚国很有可能会乘虚攻秦。为避免南北两线作战、以便集中兵力攻打魏国。因此，王贲并没有立刻攻打魏国，而是先对楚国进行了一系列的骚扰行动。经过一次又一次的打击之后，楚国已经不敢贸然出兵了，而是闭门修养，这样就消除了秦国灭魏的后顾之忧。接着，王贲率军北上，打算闪击魏国。

公元前225年，王贲大军抵达魏国都城大梁城下，将大梁城围得水泄不通，但是魏国历代以来修建了比较坚固的防御工事，大梁又是三面环水，有天险阻隔，易守难攻，所以，不管王贲的大军怎样强攻，依然不能踏进大梁城半步，如果再不能攻克大梁城，就会耽误秦国攻打楚国的计划。

一筹莫展的王贲绞尽脑汁，也不知道应该怎样打开魏国的大门。有一天夜里，王贲在大梁城周围巡视，看到城周围的河水因为冰雪消融涨高了很多，顿时计上心来。大梁城虽然防御工事坚固，但是有一个致命的缺陷，就是地势低，被黄河、鸿沟围绕。大梁本身处于黄河之滨，地势比黄河的河床还要低，从大梁城看黄河，真是"黄河之水天上来"。王贲所想的计策就是"掘开黄河、鸿沟的岸堤，水淹大梁城"。这个计谋虽然有些歹毒，但是为了统一霸业，王贲也顾不得许多了。

第二天，王贲就命令士兵们放弃攻城，扛起锄头之类的工具直奔黄河、鸿沟，开始掘堤。此时正好是初春季节，春汛将至，大雨狂下不止，王贲亲自监督将士们冒雨挖掘。得知王贲动向的魏王坐立不安，召集大臣们商议应该怎么办，魏王想，与其等到水淹大梁城，倒不如现在就开城投降。大臣们却坚决反对，他们将希望寄托在楚国身上，认为只要拖延几日，等楚国军队到来，到时里应外合，必能获救，魏王无奈之下只好听从了大臣们的意见。

不久，河堤就被秦军挖通了，滚滚的河水从三面涌向城内，大梁城一下子变成汪洋一片，无数生命被淹在水下。再加上雨下个不停，大梁城内很快水深逾丈，大水整整灌了三个月，魏国一直死撑着，等待楚国援军到来。让魏国意想不到的是，早就等得不耐烦的秦王已经派遣李信率领20

万大军攻打楚国了，自顾不暇的楚国哪里还有心思去救别人呢？

大势已去，魏王只能让大臣们将自己捆绑起来，带着众位大臣与王室子孙一起出城投降，魏国灭亡了。

局势分析

在灭掉韩国、赵国、燕国之后，秦王嬴政的下一个目标就是魏国。这一次，秦王嬴政派遣的是王翦之子王贲。王贲虽然年纪尚轻，作战经验不甚丰富，但是在战术上却显示出了过人的智慧。面对防御工事坚固、易守难攻的魏国都城大梁，他根据当地的地理优势，想出了水淹大梁城的计策，最终迫使魏王出城投降。从此，战国的地图上再无魏国这个名词。

可以说，在秦穆公时代苦苦无法踏足的土地，已经全部收进了后人秦王嬴政的手中了。秦王嬴政也越来越得意起来，三晋与秦国缠绵了数百年的历史终于在他这里画上了句点，他做出了前人无法达到的成就，他的成绩已经凌驾于每一个先祖之上了。

说点局外事

秦朝王氏家族——王翦、王贲、王离祖孙三代，都是秦朝的著名将领，为了秦国统一天下与巩固统治立下了汗马功劳。大秦帝国作为历史上第一个封建制国家，掀开了历史的新篇章。秦推行军功爵制，军功爵制是秦朝为鼓励将士，提高战斗力推出的一项重要措施。在新的历史条件下，军功爵制显现出了强大生命力。军功爵制的实行，对于那时的社会显现出了极大的影响力。秦国的国事蒸蒸日上，将其他六国远远地甩在了后面，为秦国统一创造了有利的条件。秦朝后期军功爵制损害了原秦国军功地主以外的地主贵族的利益，王氏的兴衰与秦朝的兴衰史紧密相连，王氏的兴起是因为秦的发展，王氏的衰败是因为秦朝的暴政和势衰所致。王氏家族对秦王朝也产生了很大的影响。

楚国、齐国再见

当秦国攻下了韩国、赵国、魏国等中原各国之后，就将统一的矛头指向了另外两个诸侯国——楚国与齐国。这两个诸侯国虽然都曾经叱咤风云几乎能够一统天下，但最后还是眼睁睁地看着身边的诸侯国一个个被秦国吞并而无动于衷，一直到秦国将矛头指向自己的时候才顿悟，可惜为时已晚。

秦国攻打魏国之前，为了不让楚国影响进程，王贲率军攻占了楚国的一些城池。水淹大梁以后，魏国灭亡，秦国开始着手对付这个南方强国——楚国。

公元前278年，秦昭襄王假意将公主嫁给楚顷襄王。屈原识破秦国的计谋，力谏楚王不要相信。楚王不听屈原的劝告，执意与秦国交好。屈原在城外长跪不起，希望楚王改变决定。结果，楚王开门迎亲，秦军趁机攻入楚国都城，楚军战败，楚王将都城迁至陈（今河南省淮阳县），屈原投江自尽。后来的楚国，并没有什么大的崛起和进步。

秦王嬴政出兵之前，询问群臣需要多少兵力攻打楚国，王翦回答说至少六十万。而年轻将领李信却说，自己以二十万兵力即可攻下楚国。

秦王认为王翦已经年老，做事过于谨慎。而年轻人有胆识有魄力，二十万大军即可破楚。秦王一时得意，就没有相信王翦的话，执意任用李信为大将，率兵攻打楚国。王翦看到秦王对自己的不信任，就告老还乡去了。

李信就领兵二十万，到楚国去了。公元前225年，李信开始攻打楚国。开始的时候，李信连战连捷，攻取了楚国的几座城池。李信沾沾自喜地准备和蒙武汇合，一起攻打楚国的新郢。殊不知，楚国将主力留在他的身后。

楚国将领项燕是名将之后，他率领五万楚军，尾随在秦军身后。待到秦军会师休整，项燕偷袭秦军，毫无防备的秦军溃败。李信指望着蒙武能给救援，结果蒙武在会师的路上遭到偷袭，好不容易两支秦军汇合，但因为兵力折损严重。再也没有力气灭楚国了。

秦王得知秦军战败，立刻将李信革职。他想起王翦的话，不得不连夜赶往王翦的故乡，请年迈的大将再次出征。王翦向秦王要了六十万兵马，终于再次踏上攻打楚国的征程。

老将王翦出马，楚王惊慌失措，倾尽全国之力，准备抵抗秦军。王翦总共向秦王要了六十万兵马，自己却只带了四十万兵马，浩浩荡荡开赴楚国。到达楚国后，并不急于和楚国开战。而是下令全军休整，不断修筑防御工事。

面对楚军的多次挑衅，王翦也不予理睬。待到秦军适应了楚国的环境，士气高昂的时候。王翦只是坐等时机的到来。蒙武的二十万兵马，此时正在东边吸引着楚军。楚军误以为王翦只是个空壳子，主力实际在蒙武那边。率军撤退，准备去攻打蒙武。

王翦看到楚军撤退，知道楚军中计。赶快率军进行追击，配合蒙武带来的二十万秦军，前后夹击，将楚军打败。

三个月后，王翦攻破新郢。楚王负刍被俘，楚国灭亡。楚国的昌平君逃到淮南地区，王翦继续追击，在昌平城大破楚军，昌平君自尽，楚国彻底灭亡。

五个国家都被灭了，只剩下齐国一个。秦国就要对齐国，发起最后的攻击。

齐国本来是春秋五霸之一，经过齐桓公的改革和经营，曾经"尊王攘夷"，将齐国的霸业推至顶峰。

战国以后，齐威王时期，任用田忌、孙膑等人，在桂陵之战和马陵之战中打败魏国，增强了国家实力。齐宣王时期，令匡张为将，曾攻破燕国，不断对外开疆拓土。

齐湣王即位后，齐国国力强盛，国君继承父辈祖业。在原有的国土基础上，继续征伐各国。经过几次的联盟，齐国在攻打楚国和秦国上，取得了一定成绩。但是齐湣王好大喜功，又听信苏秦的谗言，和其他诸侯国关系越来越差，不断和实力最强的秦国对抗。结果导致了五国联合攻齐，齐国被夺取 70 多座城池，几乎灭国。

齐湣王的儿子是齐襄王，他也没有让齐国回到过去的强盛。齐襄王的儿子是齐王建，齐王建软弱无能，什么事情都听太后的话。他守着齐国剩下的基业，不愿意再参与各国的战争。于是，在秦国远交近攻的军事策略下，齐国当时并没有什么危险。

太后死后，齐王建更是没了主意。他的身边还有太后的弟弟后胜，当时后胜是齐国的丞相。齐王建对后胜的话言听计从。

后胜却不是忠心为国，他是一个贪图财富的无能之辈。面对这样一个国家，秦国再次使用了屡试不爽的手段。他们以重金收买了后胜，后胜为了这些蝇头小利，答应帮秦国维持姐姐在位时的策略，那就是保持中立。

听了后胜的话，齐国在长期的松懈状态下，继续享受着一份宁静。当身边的诸侯国都被秦国吞并，齐王不但不自省，反而还要和秦国搞好关系，到秦国朝贺。

这一举动终于让大臣们看不下去了，他们纷纷劝谏齐王，要齐王自立自强，不要想着秦国会放过齐国。可是，齐王建已经过惯了太平日子。对于大臣们的劝谏，他根本没放在心上，执意要去见秦王。

秦国连续吞并五个诸侯国，军师疲惫，已经无意再战。吞并的诸侯国，秦国也没有完全消化吸收。对于这最后一个国家，秦国不想再费力气了。于是，秦王嬴政派人给齐王送了一封劝降书。

收到劝降书，齐王才如梦初醒。自己在秦国的甜言蜜语中，过得太安逸了。大敌当前，才知道情势危急。齐王建本来就没有主心骨，惊恐地拿着劝降书召集大臣，共同商议如何应对。

这次，齐国的大臣们上下一心，都同意抗击秦国。于是，他们断绝了和秦国的关系，在西方边境上布重兵，防止秦国来犯。

秦国不和齐国硬碰硬，秦王出乎意料地让王贲攻打齐国。王贲刚刚灭掉燕国的残余势力，正在齐国以北驻守。王贲接到命令后，迅速领兵南下，攻打齐国。由于齐国兵力都集中在西部，北部地区兵力薄弱。王贲的军队如入无人之境，迅速包围了临淄城。

在秦国使臣的劝降下，齐王很快屈服。守着秦国"五百里地"的承诺，齐国开门投降。秦军进入临淄城，齐国灭亡。不久，齐王建也在那"五百里地"上，凄惨经营，郁郁而终。

局势分析

齐国的灭亡，标志着秦国终于完成了统一大业。秦国统一天下的过程是漫长而艰辛的，经过了多代君主的努力，秦国由起初的一小片封地，变成称霸一方的诸侯国。在一个霸主的位置上，依旧步步为营，各个击破。这才成就了秦国的一番霸业。

由小变大，由弱变强，正是这些君主的宏图壮志，加之坚韧的毅力和不肯低头的精神，让他们小心翼翼经营自己的国家，抓住机会突破和腾飞，秦国才得以稳步发展。

所谓"一朝天子一朝臣"，秦国的发展史上，也少不了满腹才学、能言善辩的大臣，勇猛机智、为国效忠的将士们的努力。统一六国的过程中，秦始皇一路被李斯、尉缭等人扶持着，让秦国的军事战略上慢慢占据主导地位；"远交近攻"和各个击破的策略，在统一六国的过程中，发挥了重要作用；大将王翦父子等人的军事才干，让秦国的统一六国的过程中一步步取胜。

总而言之，秦国的霸业，不仅有秦国人民的辛苦耕耘，秦国历代君王的努力勤奋，更有效忠秦国的忠臣良将的忠心耿耿。他们为了一个共同的目标而奋斗，最终统一九洲，建立帝国霸业。

秦国统一六国以后，建立了第一个中央集权的国家。历代君主的梦想，在秦始皇这里得以实现。他开创了属于秦人的新时代，也创造了属于九州人民的新时代。

公元782年，礼仪使颜真卿上书唐德宗，建议追封古代名将64人，并且为他们设庙享奠，其中就包括"秦将王翦"。直到宋朝，宋室按照唐代的惯例，为古代名将设庙，72位名将中也包括王翦。

既然王翦在历史上的地位如此之高，那么王翦去世后又葬到了哪里呢？

王翦去世之后葬在陕西省，其墓地位于陕西省富平县到贤镇东门外三里的纪贤村永和堡北。封土的面积大约是7.5亩，高大约7米，形状类似于椭圆形。墓西100米南北两排六冢。秦大将军美应侯王翦之墓与六冢在"文革"时期都被夷为平地。这六座小冢，相传里面埋着的是六国王侯的衣冠、图书和俘虏等。

大一统的时代到来了

两千年来，人们对于秦始皇的功过褒贬不一。一些人称赞他统一全国、统一货币、统一文字、统一度量衡，一些人批评他焚书坑儒、修筑长城、迷信方士、穷奢极欲。但是事实胜于雄辩，他"千古一帝"的称号还是当之无愧的。

公元前221年，随着齐国灭亡，秦王嬴政终于将他统一的梦想实现了。十几年的不懈努力，终于迎来了这一刻，秦王嬴政与众位大臣激动不已。此时，咸阳宫内喜气洋洋，上方的云彩犹如两条巨龙盘旋挥舞，伴着宫殿里面那升腾而起的音乐，仿佛在向整个大地发出嬴政为帝的贺词。

所谓"帝"，在战国时期并不兴盛，当时仅有秦国与齐国一度称帝，但是也没有作为一种传统流传下来。在春秋战国时期，基本都是以"君"或"王"来称呼当时的诸侯们，此时，自认为功高盖世的嬴政不愿意再与六国君主齐名，毕竟，这些人都是自己的手下败将。所以，秦王嬴政越来越觉得之前的名号不适合自己，必须要有一个合适的头衔匹配自己，从而区分自己与春秋战国的君主们，就像他说的那样："今名号不更，无以称成功，而传于后世。"所谓"皇帝"一词就是在这个时候被提出来的。

当时，接到秦王嬴政寻找称号命令的时候，所有的大臣都绞尽脑汁，为了求得一个可以彰显秦王嬴政那伟大功绩的字眼。为此，丞相王绾、御史大夫冯劫与李斯聚在一起商讨起来。他们认为，秦王嬴政"兴义兵，诛残贼，平定天下"，他的功绩远远超过之前的秦国君主，而是"自上古以来未尝有，五帝所不及"。为此，他们引用了古代三皇的尊崇，所谓"古有天皇，有地皇，有人皇，其中人皇最贵"，人皇也就是泰皇，因此他们就建议秦王嬴政以"泰皇"作为称号。

但是，秦王嬴政对于这个称号并不是很满意，既然"泰皇"古代人使用过，那么他再使用还有什么意义呢？如此，怎么能将自己难以形容的功绩表彰出来呢？怎么能将自己与别人区别开来呢？因此，秦王嬴政果断地放弃了"泰皇"的建议，但是他保留下一个"皇"字，然后自己在后面加了一个"帝"字，就这样，"皇帝"一词就这样产生了。而秦王嬴政作为中国历史上第一位"皇帝"，他毫不谦虚地将自己称为"始皇帝"。从此，秦王嬴政的称呼到此结束，他换了另外一个名字，人们都称呼他为"秦始皇"。

"皇帝"一词的出现，绝不仅仅是对统治者称呼的改变。"皇"与"帝"在古代都是对神灵的称谓，在这样的敬重之下，人们愿意服从在他至高无上的权威之下。所以，当秦始皇提出"皇帝"一词的时候，就已经表明了他那绝对的权威与无上的地位是上天赐予的，"君权神授"思想在周王朝以来有了第一次的确立。

此外，秦始皇还取消了谥号，他认为臣子对君主的议论不符合礼数，固执的他也不愿意在自己去世之后让别人在背后指指点点。与此同时，秦始皇还霸占了"朕"这个字。"朕"的意思就是"我"，以前的人基本上都能够使用，此时秦始皇决定将其收为己用，"朕"字也提高了它的地位，成为了中国古代皇帝的自称。至于"制"与"诏"则专门指代皇帝下达的命令、"玺"则专门指代皇帝的大印等。这些都用一种独占的个性化定制区分了皇帝与一般人，一同为秦始皇的"君权神授"提供支撑。

"君权神授"，其目的无疑是为了借助天的权威来让自己的统治地位得到巩固。从精神上来说，这是一个不错的方法。但是，想要让苦苦打下的天下得到稳固，仅仅凭借几个名词的力量显然是不够的。为此，秦始皇与他的大臣们为了让中国的大地永远为"秦"姓，开始了一系列的操作。

在中央机构的设置上，秦始皇吸取了战国时期设置官职的经验，建立了相对完善的中央集权制度与政权机构。中央有丞相、太尉、御史大夫三大官，这之后是分管具体职务的诸卿。在政务的处理上，由三大官与诸卿一同商议，最终的决定权在皇帝手中。此外，如典属国也设立了一个重要职位，专门负责少数民族事务。

这一套政权机构的建立加强了秦朝中央统治的力量，在效仿前有的机构上进行了创新。在施政上比之前更加的行之有效，因此而成了历代王朝效仿的对象。例如，汉朝的三公九卿制，基本上就是按照秦朝的做法。

这是中央机构的改革，至于地方上，秦始皇也花费了一些心思。自古以来，分封制就在各国兴盛起来。所谓的"分封"，主要是指共主或者中央给王室成员、贵族、有功之臣分封领地，是宗法制度在政治范畴上的表现。分封制确立了中央王朝的权威性，曾经为国家政权的严密性发挥了很大的作用。但是分封制却存在一个致命的弱点，就是各分封诸侯在其国内享有很大的独立性。所以，当诸侯国逐渐强盛之后，那种为中央政权服务的义务就会发生质变，由此成为动摇国本的根源。

因为分封制存在的缺陷，李斯便上书秦始皇，希望秦始皇将分封制改为郡县制。所谓的"郡县制"，就是一郡统县的两级地方行政制度。郡县制并非李斯独创的，早在土地私有制发展时期，郡县制就产生了。郡县制取消了地方官员的世袭制，由君主直接任命，这种制度制约了郡县长官在自己的地方上发展势力，也便于中央进行统一管理，从而对稳固中央集权起到了很大的作用。当然，这也是李斯提出郡县制的真正原因。

当时，以丞相王绾为代表的部分人不同意李斯的建议，他们提出让秦始皇继续采取分封制。王绾的建议很明显是不符合历史发展规律的，在一个加强中央集权的关键时期，郡县制所发挥的作用远远超过分封制，更何况分封制对于中央有负面影响。最终，在两相权衡下，秦始皇还是选择了郡县制，毕竟，地方官员如果被称为郡守，总比叫某某王更让秦始皇感到放心。除此之外，县下有乡，乡下有里，这些基层机构都是由地方官员直接管理的。

在文化与日常生活习惯上，李斯也为了统一做了大量的工作。书同文、度同制、行同伦、车同轨等都是十分重要的改革。书同文也就是说有统一的文字。当时，诸国并立，地方文化各有差异，文字因此也各有不同，这在管理上无疑是一个很大的障碍。为此，李斯这一位书法家，以战国时期的秦人通用的大篆为基础，吸收齐鲁等地通行的蝌蚪文笔画简省的优点，创出了一种形体圆润整齐，笔画简略的新文字，称为"秦篆"，又叫做"小篆"。之后，在李斯建议下，秦始皇还下令将小篆作为官方的规范性文字，并且将其他的异体字废除。而度同制、行同伦、车同轨等基本与书同文相似，前者是统一度量衡，中者是建立统一的伦理道德，后者是统一车宽。

这些在文化与生活习惯上的统一为中央管理清除了大量因为差异而引起的障碍，让中央的管理更加行之有效，与此同时，统一文化也凝聚了百姓的心，为中央集权的巩固做出了很大贡献。此外，关于货币政策的改革也在经济范畴上为中央管理提供了有效的帮助。

局势分析

秦王嬴政统一六国后，首先对自己的称号进行了修改，自认为"德兼三皇，功过五帝"的他最终确定了"皇帝"的称号。虽然只是一个词，但却显示出了秦始皇的雄心与傲气，因为"皇"与"帝"是古代人们对于自己无比敬重的天神人物的敬称。又因为嬴政是历史上史无前例的第一位皇帝，所以他自己以"始皇帝"居。

之后，秦始皇进行了一系列的改革，当然，所有的改革都是为了加强中央集权做铺垫的。先是郡县制的设置，后是书同文、度同制、行同伦、

车同轨等，这些都在无形之中告诉天下人自己无上的地位与至高的权威。可以说，秦始皇统一之后颁布的所有措施，其目的一来是为了彰显自己伟大的功绩，二来也企图以一种行之有效的政策来加强中央集权。这些措施因为其所具有的实效，因此在以后的每个朝代基本都存在它们的影子。而秦制也因此开创了中国古代的整体样貌。

说点局外事

秦始皇陵是中国历史上的第一座帝王陵园，是我国劳动人民智慧的结晶，是一座历史文化宝库，在所有古代帝王陵墓之中以"规模宏大、埋藏丰富"著称。

根据《史记·秦始皇本纪》中的相关记载，陵墓一直挖到地下的泉水，陵寝中特意用铜加固基座，上面放着棺材……墓室里面更是放满了各种奇珍异宝。墓室内的要道机关设置有带着利箭的弓弩，盗墓者一旦靠近必死无疑。墓室内还注满了水银，象征着江河湖海；墓顶镶着夜明珠，象征着日月星辰；墓里用鱼油燃灯，以求长明不灭……

截止到目前，秦始皇陵一共发现了十座城门，南北城门与内垣南门在同一中轴线上。坟丘的北边位于陵园的中心位置，东西北三面有墓道通向墓室，东西两侧还并列着4座建筑遗存，一位专家认为这仅仅是寝殿建筑的一小部分。陵墓地宫中心是安放秦始皇棺椁的地方，陵墓的周围有陪葬坑和墓葬400多个，譬如，铜车、马坑、珍禽异兽坑、马厩坑以及兵马俑坑等，面积达到56.25平方公里。由此可见，秦始皇陵将"事死如事生"的礼制集中体现出来，规模宏伟，气势磅礴。

秦征南越

秦始皇兼并六国，取得了全国基本的统一之后，继续派兵征服南部的百越，经过数年艰苦卓绝的战争，终于统一百越，并且在这里设置了南海、闽中、桂林、象四郡，将分散的百越统一起来，促进了民族大融合。

战国末年，从现在的宁绍平原到广西盆地以南的广大地区，生活着种姓各异的越人，史称百越。当秦国与中原六国正忙着兼并与反兼并的战争的时候，中国东南部的岭南地区还是一片寂静，这里生活着上百个越人部族，岭南越人虽然名称各异，居住环境不一，但是还都处在原始社会末期，靠着简单的石器与青铜器，过着刀耕火种的原始生活，文化上也比较相似。

公元前 222 年，秦国灭楚之后，秦王嬴政派遣大将军王翦乘胜继续向南进发，征服江南地，降服东越与闽越，在这里设置会稽与闽越。公元前221 年，全国基本统一，还剩下两块地方没有纳入秦国版图：北方的匈奴之地与岭南的百越之地。所以，天下初定之后，秦始皇就派遣蒙恬北击匈奴，又派赵佗南下平定百越。秦军兵分五路人马，分别进攻广西北部的越城岭、湖南南部的九嶷以及江西南康与余干等地，接着向今天两广地区的越族进军。一路上，秦军在其他地方都节节胜利，唯独在两广地区却迟迟无法取胜。两广地区地形曲折，越人熟悉地形，又擅长跋山涉水，时常偷袭秦军，甚至杀死了秦军的一员猛将，秦军惨败。除此之外，越人时常会切断秦军粮道，让秦军经受断粮之苦。所以，战争一直持续了三年之久，也没有结果。

为了尽快结束战争，必须要改善越地的交通，保证秦军的粮食顺利供给，于是秦始皇命令监察御史史禄与三位石匠开凿灵渠。

三年后，史禄终于成功开凿了灵渠，将珠江与湘江连接起来，让秦国的援兵与粮食源源不断地运往前线，保证了前线物资与兵源供给。灵渠全场 27 千米，全部工程由铧嘴、大小天平石堤、南渠、北渠、陡门与秦堤构成。其中，陡门就相当于"船闸"，是中国古代建筑史上的创举，是世界上最早的"船闸"，对于世界水利航运的发展产生了重大影响。

历史上湘江与漓江的距离不算远，但是从来都未有交集，从而导致了中原与百越地区处于老死不相往来的境况，而灵渠沟通了湘江与漓江，联系了长江水系与珠江水系两大水系，从此中原与百越之间的天然阻隔被灵渠打通。两个原本不相通的地区密切地融合在了一起，中央政令可以顺利抵达南越，南北方的货物可以顺畅流动，中原与岭南之间的经济、文化、民族等都能够交融，保证了中国几千年的统一。

秦国征服百越后，在当地设置了桂林郡、南海郡与象郡三郡。为了稳定南越局势，秦始皇还命令进军岭南的将士在当地留守，并且任命任嚣为南海尉，任命赵佗为南海郡龙川县令。赵佗一上任，就开始推行"和辑百越"的民族政策，上书秦始皇，希望从中原迁居 50 万居民到南越。秦始皇于是下令将 50 万犯人流放到南越，并且强制性地征调了一万五千名未婚女子到南越，与戍守的将士们成婚定居，繁衍后代。这是中国历史上的一次比较大规模的民族大迁徙。

局势分析

秦国在历代君王的努力下终于在秦始皇嬴政这里实现了统一中原的梦想。嬴氏一族经过数百年的努力，终于实现了中原的统一。但是在遥远的边疆，秦始皇还难以将他的控制力延伸过去。有两个地方始终是秦始皇统一之后最头痛的，一个是北方的匈奴，一个是南方的百越。对此，秦始皇决定用武力来威慑他们。

在一系列的准备工作之后，秦始皇开始了他的征服行动。但是让其万万没想到的是，百越地势蜿蜒曲折，打起仗来极不方便。虽然百越人少，但是他们常年在这里居住，没有谁比他们更熟悉这里的地形了。因此，百越人一次又一次地偷袭让秦军损失惨重。

秦始皇深知，天然阻隔才是真正阻碍行军的关键因素，只要打破了这一点，那么征服百越也就指日可待。于是，他命人花费三年的时间成功修建了沟通湘水与漓水的灵渠。从此，它不仅沟通了湘水与珠江水系，也为岭南前线作战的秦军源源不断地提供着粮饷，也为秦始皇完成统一大业提供了可靠的物质保障。

攻占岭南的百越之后，秦始皇在这里设置郡县，为了安抚人心，还派遣了官员在这里驻守。同时，秦始皇还进行了大规模的迁徙，将中原的百姓源源不断地迁到这里，在这里繁衍后代。当然，这样做的最终目的是，将中原的先进文化带到了这里，为岭南的农业与手工业的发展做出了巨大贡献。

◀ 说点局外事 ▶

虽然在今天那个名叫"百越族"的民族或族群已经不复存在，但是，百越文化实际上却通过不同的方式，在很多民族文化中都留下了痕迹。

对于当今某些民族语言的影响

如今的一些针对语言学的相关研究表明，在百越族被逐渐汉化之后，其使用的很多文字，却依旧遗留在了很多少数民族的语句中，比如说属于苗瑶语系、侗壮语系的中国的一些少数民族，被归为汉语方言的一些南方方言，甚至包括印度尼西亚、新西兰、马来西亚、夏威夷等地的南岛民族，在这些民族的语言中都可以找到古越语的"同源字"。例如，古越语的"蜘蛛"（lakwa）一词，就可以在鹤佬语（发音为 laaqiaa）、客家话（发音为 lakia）、夏威夷语（发音为 lanalana、nananana）、畲语（发音为 laukhoe）、马来／印尼语（发音为 lawa、lawa-lawa、labah-labah）以及新西兰毛利人的拉巴怒伊语（Rapanui）（发音为 nanai）等语言当中找到类似的发音（Hoklo.orgnd）。

北扫匈奴

公元前 221 年，秦国完成了兼并六国、统一天下的大业，但是在北部的边疆还处在匈奴的统治之下，秦始皇于是命令蒙恬北击匈奴，收复河套地区，"却匈奴七百余里，胡人不敢南下而牧马"。

在秦始皇统治的时代，在阿尔泰山脉的东南、大兴安岭的西侧、蒙古草原的南面、青藏高原的东北、华北平原西北的大草原与戈壁上，有一批披发左衽的游牧民族正在毫无顾忌地驰骋着，他们就是匈奴。

公元前3世纪，匈奴已经控制了从里海到长城中间的广大地区，包括如今的西伯利亚、蒙古、中亚北部以及中国东北的大部分地区。战国初期，北方的燕赵两国经常受到匈奴侵袭，无奈之下，两国只好采用修筑长城的方式来抵抗匈奴一次又一次的侵扰。后来，赵武灵王进行了胡服骑射的改革之后，才将匈奴彻底逐出赵国。战国末期，赵国名将李牧曾经击败匈奴，让匈奴十几年间不敢再踏入赵境。

但是，随着秦国与中原各国忙着进行兼并与反兼并战争的时候，北方的匈奴再一次蠢蠢欲动，他们借中原动乱的时机，不断骚扰北方诸国。匈奴的首领头曼单于率领匈奴跨过阴山与赵国的长城、黄河，迅速占领了河套以南的地区，甚至在一段时间，匈奴活动的地区距离秦国的首都咸阳只有数百里，直接威胁着咸阳的安全。

在统一六国，建立大秦帝国后，北方的匈奴就成为了秦始皇的心腹大患。就在此时，之前被派往海外求仙的卢生回来了，还带回了一本《录图书》，上面清晰地写着"灭秦者胡"这四个大字，这在无形之中加剧了秦始皇对于匈奴的忧心。于是，秦始皇决定派遣蒙恬率军北上抗击匈奴。

蒙恬是大将军蒙骜的后代，他的父亲蒙武是大将军王翦的部下，曾在灭楚的战争中屡立战功，这就让从小生活在武将世家的蒙恬深受影响。再加上从小心怀大志，小小年纪的他就已经有了冲锋陷阵的梦想，所以，蒙恬长大之后成为了一名出色的军事家。蒙恬身为武将，可是为什么单单选择让蒙恬北击匈奴，秦始皇是经过深思熟虑的。因为，早在蒙恬年少的时候，就长期在北方边境戍守，所以他对于匈奴的作战方式十分熟悉。除此之外，蒙恬的进攻精神与野战的能力更是远在其他的老将之上，而后者更擅长的是在与六国的对战中培养起的攻坚战经验。所以，一说到进攻匈奴的最佳人选，秦始皇就理所应当地想到了蒙恬。

蒙恬接到秦始皇的任务，在多年戍守边境的生活中，他深刻地意识到匈奴的侵犯非比寻常，所以他认识到了北击匈奴的重要性。因此，这一次他暗自发誓，一旦出兵，必要大胜。就这样，在全军如火燃烧着的激情的支撑下，蒙恬率领着三十万大军向北进发了。

在北上的过程中，蒙恬日夜兼程抵达黄河之后，用步兵对抗凶悍的匈奴骑兵。在第一场战役中，蒙恬因为战略得当，思维缜密，纪律严明，迅速击溃了匈奴大军，拿下了黄河以南的地区。第二年春天，蒙恬与匈奴进行了几次交战，让匈奴感受到巨大的压力，匈奴选择了逃走。

蒙恬这一次驱逐匈奴，收复河套，让匈奴十几年内不敢再踏进中原领土半步，为北方的百姓带来了十几年的安定生活，蒙恬也因为击溃匈奴，成为了秦国最出色的将领之一，人们称呼他为"中华第一勇士"。

击退匈奴之后，秦始皇如同对待百越一样，先派出蒙恬率领重兵坐镇上郡（今陕西榆林），确保了北方地区的安定。后来又迁移了一部分百姓到这里，如同移民至岭南是一样的，对于边地的开垦与边防的加强，以及文化与经济上的传播都具有积极的作用。为了让河套地区的防守更加坚固，蒙恬还特意派人在河套以北地区修筑了亭障，建起了城堡。此外，在秦始皇的旨意下，蒙恬将战国时期燕、赵、秦三国修筑的长城连接到一起。几年之后，一道西起临洮、东至辽东的雄伟建筑就在中国大地上亮相了。

到此，秦朝已经将南岭的百越与北方的河套区域都并入了自己的版图，从此，秦朝已经成为一个大帝国了。此后，秦始皇更是打通了西南的五尺道，将当地的部族成功控制，从而将势力延伸到了云贵高原。

局势分析

在中原各诸侯国之间进行激烈的兼并与反兼并战争的同时，匈奴借此时机在中原地区活跃起来，迅速占领了中原大部分地区，甚至对秦国的都城咸阳构成了严重的威胁。

此时的秦始皇再也坐不住了，立刻派遣猛将蒙恬北上抗击匈奴。在蒙恬的英明领导下，匈奴溃不成军，再也没有勇气进入秦地了，相对的，这种恐惧深深地植根到每一个匈奴人的心中，以至于后来再也不敢来中原捣

乱。后来，汉代的贾谊在评价此事的时候也将匈奴的畏惧说得一针见血："胡人不敢南下而牧马。"当然，匈奴的畏惧也给北方的百姓带来了十几年的安定，从而为河套地区的开发创造了有利的条件。

可以说，秦始皇的南征北伐是秦国统一之后的所作出的意义重大的大事，它大大扩充了中原王朝的土地，为今后中国每一任统治者奠定了一个坚实的基础。对于岭南与河套地区的开发更是成功地将其拉进了中原的大家族中，为今后的中原统治者提供了一个相对安稳的前提。所以，南攻百越与北击匈奴是秦始皇统治时期众多贡献当中的一个非常重大的贡献，仅凭此，秦始皇的功绩就足以为世人歌颂千年。

说点局外事

《史记·蒙恬列传》节选：

蒙恬者，其先齐人也。恬大父蒙骜，自齐事秦昭王，官至上卿。秦庄襄王元年，蒙骜为秦将，伐韩，取成皋、荥阳，作置三川郡。二年，蒙骜攻赵，取三十七城。始皇三年，蒙骜攻韩，取十三城。五年，蒙骜攻魏，取二十城，作置东郡。始皇七年，蒙骜卒。骜子曰武，武子曰恬。恬尝书狱典文学。始皇二十三年，蒙武为秦裨将军，与王翦攻楚，大破之，杀项燕。二十四年，蒙武攻楚，虏楚王。蒙恬弟毅。

始皇二十六年，蒙恬因家世得为秦将，攻齐，大破之，拜为内史。秦已并天下，乃使蒙恬将三十万众北逐戎狄，收河南。筑长城，因地形，用制险塞，起临洮，至辽东，延袤万馀里。于是渡河，据阳山，逶蛇而北。暴师於外十馀年，居上郡。是时蒙恬威震匈奴。始皇甚尊宠蒙氏，信任贤之。而亲近蒙毅，位至上卿，出则参乘，入则御前。恬任外事而毅常为内谋，名为忠信，故虽诸将相莫敢与之争焉。

赵高者，诸赵疏远属也。赵高昆弟数人，皆生隐宫，其母被刑僇，世世卑贱。秦王闻高彊力，通於狱法，举以为中车府令。高既私事公子胡亥，喻之决狱。高有大罪，秦王令蒙毅法治之。毅不敢阿法，当高罪死，除其宦籍。帝以高之敦於事也，赦之，复其官爵。

始皇欲游天下，道九原，直抵甘泉，乃使蒙恬通道，自九原抵甘泉，堑山堙谷，千八百里。道未就。

始皇三十七年冬，行出游会稽，并海上，北走琅邪。道病，使蒙毅还祷山川，未反。

始皇至沙丘崩，秘之，群臣莫知。是时丞相李斯、公子胡亥、中车府令赵高常从。高雅得幸於胡亥，欲立之，又怨蒙毅法治之而不为己也。因有贼心，乃与丞相李斯、公子胡亥阴谋，立胡亥为太子。太子已立，遣使者以罪赐公子扶苏、蒙恬死。扶苏已死，蒙恬疑而复请之。使者以蒙恬属吏，更置。胡亥以李斯舍人为护军。使者还报，胡亥已闻扶苏死，即欲释蒙恬。赵高恐蒙氏复贵而用事，怨之。

第四章　陷入危机，国家难保

焚书坑儒

　　"焚书坑儒"一直以来被世人当做"一件"事情来批判秦始皇的残虐，但是"焚书"与"坑儒"却是性质不尽相同、起因完全不同的两件事情。两千年来，"焚书坑儒"一直被后人唾骂，秦始皇也因此被贴上了残暴之君的标签。"劝君少骂秦始皇，焚坑事业要商量"，充分表达了对于这一件事情的看法。

　　公元前221年，中国从分裂割据的战国时期进入到了天下统一的秦朝。虽然时代已经变更，全新的统一制度虽然也在全国范围内推行，但是战国时期百家争鸣的思想文化氛围并未得到真正的改变，旧诸侯特别是原来的贵族与墨客们，甚至市井之人也都在一如既往地谈论着政府的得失，对官员进行批判，并时常拿之前的商周与现在的秦朝进行比较，抱怨新政府的人不在少数。儒生们开始怀念之前商周时期的制度，对于奉行法家思想的大秦朝存在诸多不满。而且，天下一统之后，百姓们还未来得及休养生息，就被拉到西北攻打匈奴、南平百越、修筑长城、建造阿房宫，要应付数不清的徭役，要缴纳数不完的税款，特别是尊崇"仁爱"的儒生们，对秦始皇不满了。

　　这种自由议政的民风让刚刚统一度量衡、统一文字、统一法律的秦始皇感到十分不安。天下初定，民心不稳，自己的帝王权威还没有完全建立起来，新的经济文化措施的推动也面临着一些困难。如果任由天下之人发表评论，难免会"惑乱人心"，很有可能会影响到自己的统治。

公元前 212 年，为了庆祝秦朝对匈奴与百越的军事胜利，秦始皇在咸阳大摆筵席，宴请群臣，邀请七十多位齐鲁一代的儒学博士参加宴席。在席间，擅长溜须拍马的大臣周青臣借此机会对秦始皇一顿褒奖：“昔日秦国也只有千里，全靠陛下的英明才可以平定天下，让天下一统，使得普天之下无不臣服。陛下所创立的郡县制，让天下再也不存在割据之乱，百姓得以安居乐业，这种功德，是任何一个君王都无法超越的。”

这些溜须拍马的话并未打动秦始皇的心，却让另外一个人的心里很不自在，这个人就是博士齐人淳于越。他站起来说道：“殷商之所以可以存在一千五百年，就是因为分封皇子功臣为诸侯，让其成为帝王的辅助，就像是一棵大树的根一般，朝着各个方面蔓延，这样树才不会被风吹倒，也可以抵抗干旱。现在陛下已经坐拥天下，却没有分封皇子一分土地，那么要是权臣当中有人心生异念，外人怎么救呢？”淳于越口中的权臣指的就是李斯。公元前 221 年，天下初定的时候，曾经围绕“郡县制”与“分封制”李斯与王绾之间有过一次争论，但是秦始皇最后听从了李斯的建议。淳于越等儒生并不认同郡县制，也不喜欢奉行法家思想的李斯。他全然不顾身边李斯与秦始皇的脸色，继续说道：“古人的制度流传下来自然是有它的好处的，如果不可以带来十倍的利益就不要改革古制，贸然施行没有经过考验的新制度可能会有危险。”

淳于越旧事重提，让秦始皇感觉很扫兴，但是他并没有发作，只是说：“好吧，既然有人对于新制度不满意，就趁着今晚大家讨论一下吧。”话音刚落，早就在一边忍耐不住的李斯跳起来说：“三皇五帝各有纲常，并不是世代沿袭，一成不变的，大秦并不是故意要唱反调，而是时代改变了，制度法则也就跟着改变了。陛下现在成就的是前所未有的要世代流传、超越三皇五帝的伟业，岂是你们这些迂腐的儒生可以懂得的？刚才你说的殷商一千五百年，怎么可以与陛下相提并论？”淳于越并不示弱，立刻率领七十多位博士进行反驳，李斯这边也迅速形成了阵营，两边开始了唇枪舌剑的辩论。

这场由“分封”与“郡县”制度引起的辩论逐渐扩展为儒家与法家之

间的战争，双方辩论得酣畅淋漓，已经差不多忘记了身边的秦始皇，一直争吵到半夜都没有得出结论。等到快要天亮的时候，秦始皇终于发话了："辩论到此为止，由李斯总结一下这一次的辩论，写成奏折呈上来。"

相对于儒生，李斯对于秦始皇的了解更多：对于一个想要超越三皇五帝的人而言，怎么可以将三皇五帝的功德拿出来教训他呢？怎么可以让他遵守三皇五帝的古制呢？儒生在这一次的辩论中算是过了嘴瘾，却想不到在秦始皇的心中，他们仅仅是一群"食古不化"的迂腐文人。不久，李斯向秦始皇上奏了这一次辩论的结果："以前诸侯相争的时候，各国都争相招贤纳士，养成了游学与私人办学的风气，如今天下一统，法令统一，士就应该去学习全新的法令制度。但是这些儒生，不学习现在的学问，却是知道钻研古书，胡乱发表议论，惑乱人心，让天下的百姓对新政怀有质疑之心。只要有新制度颁布，这些人就会用古人的制度进行反驳，不但不遵守，反倒聚众惑乱，诽谤朝政，如果再不予以禁止，百姓对于陛下的新政就更加不信任了。"

那么，该怎样禁止儒生的讨论之声呢？李斯建议说："焚毁所有不是秦国历史的书籍，除了史官外，任何人都不可以私藏《诗》与诸子百家的相关书籍。由郡守等人执行此事，搜出来的书籍一律焚毁。只要是两个人以上聚到一起讨论《诗》、《书》的，都要处斩；只要是以古制议论新制度的，都要灭族。30天内还没有执行焚书令的惩罚修筑长城四年，只有医学、园艺、占卜等实用书籍可以收藏，如果有人想要学习刑名与政治等，都要到官方的学校学习。"秦始皇一听龙颜大悦，立刻命李斯推行。

"焚书令"一经提出，大秦的土地上，不管是东南西北，连续30天不分昼夜地焚书，无数先祖的心血付之一炬，先秦时代的文化历史就这样被焚毁了。但其实大多焚毁的只是民间的书籍，在秦朝的王宫里还保存着被焚毁书籍的备份。最终让上古典籍彻底消亡的是西楚霸王。

"焚书"的本意是控制儒生的恶意讨论，排斥不同的思想见解，加强君主的中央集权，但却没有达到预期的目的。短时间内，"焚书"让天下的人没有书可看，儒生们百无聊赖，只会越发对秦始皇与政府不满，一时之间，全国上下骂声不断。长期内，这种简单粗暴的方法让人民更加反对秦朝的统治，导致秦始皇的统治力量急速下降，最终导致了大秦帝国仅维持了十五年的时间就夭折了。

焚书后的第二年，秦始皇要求方士卢生在阿房宫内主持修建"始皇登天台"。卢生是秦始皇十分信任的人，他之前曾经为秦始皇两次出海寻找长生不老药，结果都没有将药带回来，却带回来了一本预言书，里面写着"亡秦者胡"。这当然只是卢生为了保全自己胡乱编造出来的，结果这四个字却让秦始皇坐立不安，非要蒙恬进攻匈奴，修筑消耗百万人的万里长城，这次秦始皇让卢生修筑"登天台"，是想邀请仙人下凡。卢生当然请不动"仙人"了，自己一向都是谎话连篇，在秦始皇的面前更是"拆了东墙补西墙"，这一次只能又编谎话来糊弄秦始皇了。卢生说："陛下总是求取不到仙药，主要是因为恶鬼妨碍了仙人。仙人才不愿意给臣。臣认为，陛下应该时常秘密出行，才可驱逐恶鬼，神仙才会愿意下凡。这些真人都是入水不湿，入火不伤，会腾云驾雾，长生不老的。从现在开始，陛下的言行一定要保密，不要让别人知道，就不会惹怒恶鬼，长生不老之药就有了。"秦始皇竟然相信了这些荒谬之言，说道："朕很仰慕你口中所说的仙人，从今之后，朕会以'真人'自居，你们也都要叫我'真人'。"

接着，秦始皇真的向卢生说的那样，对外保密自己出行，他命人将咸阳城四周的两百多个宫殿都用甬道、天桥连接起来，只要是自己去过的地方不允许告诉任何人，如果有人不小心透露出去，就会立刻处斩。有一次，秦始皇在梁山宫上看到山下有一队阵容奢华的车马经过，原来是李斯的队伍，秦始皇心中顿生不满，口中发了两句牢骚。不久，李斯再次出行的时候就减少了跟随的车马。秦始皇知道这件事情之后，不仅不满意，还大怒，因为这说明有人私下里将自己说的话透露给了李斯。于是，始皇下令将当场所有的人全部处斩。这件事情发生后满朝文武再也不敢亲近秦始皇了。

卢生知道这件事情后更是心惊胆战，万一秦始皇知道自己一直都在骗他，真不知道自己会是怎样的下场。于是，卢生决定逃跑。在逃跑之前，卢生告诉儒生与方士："秦始皇为人刚愎自用，自统一六国后，更是自以

为功高盖天。他专宠狱吏，虽然有七十位博士，却不过是留着备用而已。丞相与其他的大臣也仅仅是按照他的命令做事而已，其实一切都是秦始皇自己做主。秦始皇喜欢用刑罚立威，让天下人惶恐不安，不敢对他说实话，所以他从来都没有听过批评，越来越骄傲，下面的人就更要用欺骗来掩饰，以讨得他的欢心。秦国的律法规定，一个方士不可以有两种方术，方术不能够应验的就要立刻处斩。然而占卜星辰的有三百六十多人，原本是正直之士，但是因为畏惧秦始皇，不得不阿谀奉承，不敢说出他的过错。他这样贪欲权势，是不可能找到仙药的，我已经尽力了，所以不想要再侍候他了。"

卢生的这番话在儒生与方士中传播开来，当然也传到了秦始皇的耳朵里。始皇因此龙颜大怒，说："前些时候朕收集了天下不合实用的书籍全部烧毁了，广泛召集方术之士，希望在他们的帮助下可以天下太平，方士想要修炼丹药，如今听说一些地方上的方士也跑了。况且，朕一直以来十分信任卢生，没有想到他竟然如此污蔑我，现在立刻去搜查咸阳城内的所有儒生与方士，看看谁竟然敢口出狂言，祸乱百姓。"经过御史的一番审讯后，咸阳城内的儒生都心生怯意，互相告密，结果一下子引出了四百多名与卢生有关的人。公元前212年，秦始皇在当时秦朝的首都咸阳将这四百六十多名方士与儒生全部坑杀。

除了坑杀四百多人之外，秦始皇还谪迁了一批人到北方边地。"坑儒"事件的发生让秦始皇越发众叛亲离。长子扶苏劝说他："如今天下初定，远方百姓的心还没有收拢，诸生都是诵读孔子的门徒，现在全部降罪处罚，只怕人心不稳，希望陛下三思而行。"盛怒之下的秦始皇哪里听得进这些话，即便是自己最得意的儿子也是一样。因为这件事，扶苏被赶出了咸阳，发配到北部边疆做监军。

局势分析

"焚书"与"坑儒"事件，将秦始皇的残暴推向了极致，在中国人的心中，烙下了深深的印记。

自秦始皇统一六国后，废分封行郡县、统一文字、统一货币、统一度量衡，意在维护国家统一。虽然以上这些新制度可以用强制手段推行，但是一些东西是国家的强力无法驾驭的，那就是人的思想。特别是在秦朝初年，战国时期百家争鸣的思想犹存，所以才导致秦朝初期的思想领域极度混乱。而一个国家可以真正统一，关键在于形成共同的价值观，而思想混乱是形成共同价值观的最大敌人。因此，光在政治、经济、文化等各个方面的统一是不够的，最关键、最长远的统一要素就是思想上的统一，只有形成了统一的核心价值观，才可以让政治、经济、文化等领域内的统一措施更加顺利的实行。

当时，最大的两股思潮就是儒家和法家。儒家是遵循古制的，而秦始皇统一后颁布的一系列措施都是不符合儒家理念的，所以儒生们妄图恢复周朝的分封制，从而取得失去的权势。这让自以为功高盖天的秦始皇怎能容忍呢？于是，一场统一思想的文化运动就开始了。

虽然秦始皇只是想要通过"焚书坑儒"这种简单粗暴的方法控制天下人的思想，禁止天下人对自己与自己的新帝国存在非议，但万万没有想到的是，这件事的发生也加速了秦朝的衰落与灭亡。而这是所有人始料未及的。

说点局外事

古人关于"焚书"与"坑儒"事件的相关评价：

王充曰："秦虽无道，不燔诸子，诸子尺书，文篇具在，圣人之全经犹存。"

郑樵曰："陆贾，秦之巨儒也。郦食其，秦之儒生也。叔孙通，秦时以文学召，待诏博士，数岁，陈胜起，二世召博士诸儒生三十余而问其故，皆引春秋之义以对。是则秦时未尝不用儒生与经学也。况叔孙通降汉时，自有弟子百余人，齐鲁之风亦未尝替。故项羽既亡之后，而鲁为守节，礼义之国则知。

"秦时未尝废儒，而始皇所坑者，盖一时议论不合者耳。其所焚者，一时间事耳。后世不明经者，皆归之秦火，使学者不觊全书，未免乎疑以传疑。然则《易》固为全书矣，何尝见后世有明全《易》之人哉？臣向谓：秦人焚书而书存，诸儒穷经而经绝，盖为此发也。诗有六亡篇，乃六笙诗，本无辞。书有逸篇，仲尼之时已无矣。皆不因秦火。自汉以来，书籍至于今日，百不存一二，非秦人亡之也，学者自亡之耳。"（选自《秦不绝儒学论》）

朱熹曰："秦焚书也只是教天下焚之，他朝廷依旧留得；如说'非秦记及博士所掌者，尽焚之'，则六经之类，他依旧留得，但天下人无有。"

朱彝尊曰："秦本坑乱道之儒而非圣人之徒。"

秦始皇游天下

秦始皇统一天下的第二年，就迫不及待地开始了四处巡游，短短十年内，他已经出游了五次。其出巡的频率之高、时间之长、出行季节之规律、巡游范围之广泛，都让人惊叹。最终，秦始皇死在了第五次巡游的途中，仓促了结束了他的"始皇霸业"。

公元前220年，也就是秦始皇统一全国的第二年，他就迫不及待地开始了第一次巡游。这是他一生之中唯一一次西巡内陆，其他的四次都是向东巡海。这一次的出巡主要是为了寻根祭祖，回顾秦人辉煌的足迹，祭告祖先统一天下的大业已经完成。

出巡队伍从咸阳城出发，沿着渭河一直向西到达秦国迁都之前的旧都——雍城。雍城埋葬的是秦孝公以前的秦王，秦始皇祭拜完祖先之后就继续西行，到达了陇西郡犬丘（今甘肃天水）。犬丘是秦人最开始放羊牧马的地方，接着由雍城往北一直到汧水河谷地区，从汧水上游的回中地区翻过陇山，进入到北地郡。鸡头山一带是秦人发迹的地方，秦人的祖先开始被周王召唤就是在这里，所以，这里被叫做秦的发祥地，也是秦始皇祭祖的最后一站。祭拜完各位祖先之后，秦始皇从鸡头山回到了咸阳。

在回来的途中，渭河河畔的风光让秦始皇十分着迷，于是他下令将渭水以修筑行宫，后来又改名为"极庙"——是"至高无上的宫殿"的意思，然后又让人从极庙挖通骊山，一直到甘泉，再修甬道直达咸阳。以后，秦始皇出行都是在甬道中行驶，平民百姓是看不到的。此外，在巡视的过程中，秦始皇发现甬道内崎岖难行，于是就下令修建了驰道与直道。

第二次巡游（公元前 219 年）的方向就转向了东南。这次巡游的目的大致有两个，第一个就是巡视郡县；第二个较为重要，是封禅。所谓封禅，就是祭拜天地。秦始皇第一次巡游祭拜了祖先，第二次就开始祭拜天地。

这次的巡游队伍比较庞大，除了一些被封侯的将军，还有当朝丞相王绾，卿李斯，卿王戊等大批官员。队伍浩浩荡荡，走的是华阴平舒道（华阴附近，北临渭水，南靠华山），经过洛阳、荥阳等地，最后到达邹峄山（今山东省邹县南）。

这里是秦始皇此次巡游最重要的一站。春秋战国时期，将齐、鲁地区的人认为泰山是最高的山，因此都要在泰山上祭天，意为受命于天。对于这样的事情，秦始皇还是非常相信的，而且是很重视的。远道而来的秦始皇，先在峄山上歌功颂德，立石留说，然后来到泰山上行封禅。由于秦始皇所带的队伍里，没人了解封禅的礼仪。秦始皇就根据秦国的礼仪，编出一套礼仪来封禅。封禅以后，在泰山上"周览东极"自不必说，还将此事在梁父山（今山东省新泰市西）上进行石刻，以此来为自己歌功颂德。此后，经过黄县（今山东省黄县）、腄县（今山东福山县）、穷成山（今山东成山角），到达罘山立石颂功。到达琅琊之后，秦始皇觉得到了个好地方，在此修筑高台，停留了三个月的时间。

之所以在此停留这么久，主要原因有两个：第一，据说琅琊是神仙居住的地方，方术悠久的历史文化在此积淀。之所以被认为是神仙之所，是因为此时常出现海市蜃楼，人们据此为琅琊安上了仙境的称号。秦始皇追求长生不老，是为了在此寻求仙道，感受仙境而停留。第二，据说距离琅琊不远的地方，就是泗水。传说象征天子权威的鼎就沉没于泗水，因此，秦始皇命人下水求鼎。

三个月后，秦始皇离开琅琊返回咸阳。

第三次巡游（公元前218年）的方向还是东南，出发的路线和第二次巡游相同。三年间三次巡游，时间相隔较短，十分频繁。这次巡游中，秦始皇受到了吞并六国带来的后果，与死神擦肩而过。

韩国贵族张良，为了报亡国之恨，要刺杀秦始皇。他找到一个臂力过人的人，为其打造了一个铁椎。提前得知了秦始皇巡游的消息，并且对经过时间等进行了推算。两人埋伏在博浪沙（今河南中牟县北），等待时机。

车驾经过此地时，大力士就将铁椎扔向秦始皇。结果，由于当时的风沙较大，铁椎没有砸中秦始皇的车驾，而是砸在了副车上。这就是"张良刺秦"。

这次的巡游没有因此停止，秦始皇继续沿着之前的路线，到达琅琊。然后从琅琊向西北，到达上党郡，最后回到都城咸阳。

第四次巡游（公元前215年）与上一次相隔时间较长，有三年时间。这次的方向仍旧是向东，但是却是北边。巡游的目的是巡视北方边境，为抗击匈奴做准备。

从咸阳出发，沿黄河而行，途径原来魏、韩、赵、齐等国的交界处。秦始皇发现，这一路有很多旧时六国修筑的城郭和堤防，是为了当时的军事防御而建，统一后就阻塞了交通和水道。于是，他下令将这些城郭和堤防毁掉，疏通交通和河道，以方便各地的经济文化交流。

办完这些以后，秦始皇不忘为自己立石颂德。还派了十分信任的卢生，为自己出海寻找长生不老的丹药。

后巡视了碣石以西的北平、渔阳、上谷、代、雁门、云中等郡，了解北方边境情况。返回路上经过上郡，直达咸阳。秦始皇回到咸阳以后，就派了蒙恬率领三十万大军，浩浩荡荡到北方边境攻打匈奴去了。

公元前211年，秦始皇开始了第五次全国巡游，也是他人生中的最后一次巡游。由于人们的反秦活动高涨，加上秦始皇的身体状况越来越差。这次巡游的一个重要目的，就是为了寻找长生不老药。

体弱多病的秦始皇在出行前就将军事大事交代了一番，恐怕自己会一去不回。果不其然，在返回咸阳行至沙丘时，原本就身体虚弱的秦始皇此时又因为舟车劳顿，终于一病不起，撒手人寰。

局势分析

虽然先秦儒学经典中已经有天子四方巡游的设想，但是真正将其付诸行动的第一代帝王就是秦始皇。他从统一天下，登上皇帝的第二年，到驾崩沙丘，这短短的十年之间内，已经五次巡视全国，其足迹所至，西部到陇西北地，东部到胶东琅琊，北部到九原辽东，南部到会稽、长沙，行程数万里，游遍帝国各地的名山大川。他开创了帝王巡游风气的先河，深深地影响了历代帝王的巡游行为。

要问秦始皇巡游的目的是什么，那就是维护刚建立不久的封建统治。为此，秦始皇在巡游途中下令修筑驰道、直道，疏通河道和交通，为全国的经济、政治、文化发展和交流提供了良好的条件。不料，如此"博爱"的秦始皇并未受到百姓的爱戴，反倒是唾骂声不绝于耳，其原因就是秦始皇大兴土木，修建宫殿，让全国人民不堪重负，苦不堪言。如此一来，百姓的反秦思想越来越高涨。他们编童谣，咒骂秦始皇，甚至直接拦截秦始皇的使者，诅咒秦始皇死。

可是，不管结果如何，秦始皇的确是想用巡游来掌握和统治全国。但出人意料的是，巡游除了达到游览、封禅、巡视边防和求仙的目的之外，并没有达不到巩固统治的效果，就连他自己也遭到了刺杀，最后在农民起义爆发前夕死在巡游途中。

说点局外事

世人对秦始皇的功过评说：

战国军事家尉缭认为："秦王为人，蜂准，长目，挚鸟膺，豺声，少恩而虎狼心，居约易出人下，得志亦轻食人。我布衣，然见我常身自下我。诚使秦王得志于天下，天下皆为虏矣。不可与久游。"《史记秦始皇本纪》

司马迁在《史记》认为："秦王怀贪鄙之心，行自奋之智，不信功臣，不亲士民，废王道，立私权，禁文书而酷刑法，先诈力而后仁义，以暴虐为天下始。"

西汉政论家主父偃认为："秦皇帝任战胜之威，蚕食天下，并吞战国，海内为一，功齐三代。"

唐太宗李世民认为："近代平一天下，拓定边方者，惟秦皇、汉武。始皇暴虐，至子而亡。汉武骄奢，国祚几绝。"

明朝著名改革家张居正认为："三代至秦，混沌之再辟者也，其创制立法，至今守之以为利，史称其"得圣人之威"周王道穷也，其势必变而为秦，举前代之文制，一切铲除之，而独持之以法。西汉之治，简严近古，实赖秦之驱除也。惜乎扶苏仁懦，胡亥稚蒙，奸宄内发，六国余孽尚存。因天下之怨，而以秦为招，再传而蹙，此始皇之不幸也。"

沙丘身亡

公元前211年，大秦帝国出现了几件怪事：天现凶相、沉璧复返、陨石降落等。年近半百的秦始皇为了缓解这一系列的怪事带给自己的压力，开始了人生之中的第五次巡游，却没有想到竟命丧沙丘。

公元前211年，大秦帝国出现了三件怪事：

第一件是出现"荧惑守心"的天象，这种天象是最不吉利的，意味着灾难要降临到始皇帝身上。对于迷信的秦始皇，这个天象让他十分担心和害怕。

第二件事也是来自天上，传说从天上掉下来一块陨石，陨石上还刻了字，上面写着"始皇帝死而地分"。秦始皇追求长生不老，本来就对"死"

字很忌讳，再加上后面的"地分"，使秦始皇既惊又怒，他派人将石头销毁，将陨石附近的人都杀死。

第三件事是一个预言，传说秦国使者在经过华阴平舒道的时候，遇见了一个人。这个人手拿传国玉玺，自称是沧海君。沧海君将玉玺交给了使者，并且预言今年祖龙死。

使者被吓坏了，回去把玉玺交给秦始皇，将沧海君的预言告诉了他。秦始皇心中更加惶恐，但是又不能表现出来。于是装作不在乎的样子，说预言不一定会应验。接连三件事情的发生，让秦始皇慌了神，为了安心，他为这件事专门找人进行占卜，结果却是：出巡与迁徙百姓就可以躲避这场灾祸。于是，秦始皇下令迁移了三万户人家到河北等地，同时决定进行第五次全国巡游。

这一年，秦始皇开始了第五次出巡。与前几次的出巡一样，秦始皇依旧选择巡游祭海。左丞相李斯、宦官赵高以及上卿蒙毅都是秦始皇深信的人，奉旨跟随。右丞相冯去疾奉命在都城留守。此外，秦始皇最喜欢的小儿子胡亥也要求要陪父亲一同出巡，秦始皇欣然答应。

秦始皇先南下浙江钱塘，在会稽山上祭奠大禹，刻下颂德之词，当时也都是一些歌颂大秦帝国与自己的丰功伟绩的称赞之说。然后，北上抵达琅琊。在琅琊，秦始皇看到了早前奉命出海的徐市。

徐市与秦始皇的渊源较深，公元前 219 年，秦始皇东巡到达琅琊，燕齐之地的氛围很浓，因为濒临渤海，烟雾缭绕，时常有海市蜃楼出现，当地人就结合一些传说中的海外神仙，编造出一个令人无比向往的神境仙界。知道秦始皇的巡游队伍就要抵达琅琊，燕齐的方士们就闻风而动。方士徐市上书秦始皇说："在海外，有三座神山，名曰'蓬莱'、'方丈'、'瀛洲'，上面居住着神仙。倘若陛下可以戒斋，并且派遣一些童男童女去拜访他们，他们就会赐给陛下长生不老之药。"秦始皇对于徐市所说的话深信不疑，立刻派遣童男童女，由他带领着出海巡游。

徐市出海之后，秦始皇日日夜夜梦想着徐市有一天可以满载而回，结果一直眼巴巴地等待了将近 10 年的时间，直到公元前 210 年，徐市才两

手空空的回来。秦始皇见状大怒，徐市倒也编好了话来应付："臣已经抵达了蓬莱仙山，但是仙人们嫌弃财礼太少，不肯将长生不老药给臣。"秦始皇自然不会怀疑这句话的真假，只是瞪大眼睛问："仙人们还需要多少？"徐市说："还需要三千名童男童女、五谷种子，以及百名精通各种技巧的能工巧匠，此外，海上出行是非常危险的，时常有大鱼出没，希望陛下可以派一些善于射箭的人和我一起去。"秦始皇再一次爽快地答应了徐市。

没有想到，徐市这一次竟然一去不返，杳无音信。秦始皇真的以为徐市被大鱼杀死了，就命人出海时都要携带捕鱼的工具，看到大鱼就要射杀。

在第五次巡游的时候，秦始皇亲自带着装有机关的弓弩来到了琅琊，等大鱼出现就将其射杀，可是，一直到成山港，都没有遇到一条大鱼。直到之罘，才看到大鱼出没，秦始皇亲自杀死了一条大鱼，之后就沿海向西进发。可是，大鱼虽然射死了，却没有换回徐市的长生不老药。秦始皇十分扫兴地郁闷而回，此时已经是五月份，天气慢慢热起来。没想到的是，当车队行驶到平原津（今山东平原县）时，秦始皇突然病倒了。重病之后的秦始皇对于"死"字十分忌讳，不管谁在他的面前提到这个字，他都会暴跳如雷，将其狠狠地训斥一顿，或直接拉出去砍头。这一下，大家是在他的面前都是能不说话就尽可能地不说话，闷不作声。

秦始皇深知这一次自己真的熬不过去了，就着手为自己安排后事。他给远在边疆的扶苏写信说："北疆的事务暂且交给蒙恬，你赶快赶回咸阳，为我主持丧礼。"写完信之后，秦始皇就将信件密封好，盖上印章，交给了赵高，让其火速将信交到扶苏手上，随后命令队伍继续前行。

此前，扶苏因为忤逆秦始皇，被秦始皇派往协助大将军蒙恬修筑万里长城，抵御北方的匈奴，实际上，秦始皇这样做的目的是希望借此培养一个刚毅果敢的扶苏（始皇认为扶苏的性格柔弱，缺乏刚毅）。果不其然，很快地，扶苏就像父亲证明了自己的性格是悲天悯人，而不是他所想的软弱。在驻扎北方的多年战争生涯中，扶苏立下了赫赫战功，英勇善战的他将自己出色的观察力与敏锐的判断力发挥得淋漓尽致，让驻守在边疆的将士们无不钦佩。与秦始皇不同的是，扶苏爱民如子、谦逊待人，为此，他获得了广大百姓的爱戴。

扶苏的一切成就秦始皇都看到眼里，但是秦始皇偏执不服输的心理，依然难以认同这个性格敏感的儿子，因为一旦认同了他，就相当于承认了自己是错误的，这是秦始皇难以接受的。但是，在秦始皇的内心深处，还必须承认儿子的优秀是值得自己为之骄傲的。对于扶苏，秦始皇一直存在着矛盾的心理。

弥留之际，秦始皇终于抛弃成见，决定让扶苏继承大位。

可是，这封信还没有送出去，秦始皇就死在了沙丘平台（今河北广宗西北）。秦始皇去世的时候，身边没有一个亲人，没有一个大臣，只有他一个人静静地躺在马车里，默默地等待死亡降临。孤零零的他终于两眼一闭，是非功过任由后人评说去吧！

局势分析

秦始皇在位后期非常迷信，一心想要长生不老，对各种关于神灵的说法深信不疑。有点风吹草动，就会惶恐不已，怕有什么事情发生。心理的恐惧影响到了身体，让他原本虚弱的身体雪上加霜。而三件怪事的真实性，有待考证。但这三件事对秦始皇心理造成的影响是巨大的，第五次巡游的原因主要与此相关。

对于扶苏，秦始皇更多的是"恨铁不成钢"的心态。他觉得扶苏性格软弱，担当不起治国大任，因此，让他先到蒙恬戍边处做监军。

而在秦始皇弥留之际，却表现出对扶苏发自内心的认可，于是写信召扶苏回来为自己主持丧礼，言下之意就是让扶苏来继承大位。遗憾的是，他还未见到扶苏，便撒手人寰了。

后事虽然安排好了，但是扶苏已经没有办法继承秦始皇的位子了。因为在秦始皇的身边，有一个人已经对秦始皇的权力觊觎很久了，这一次他抓住了秦始皇去世的机会，准备开始他的阴谋夺权之路。这个人就是赵高。

说点局外事

关于徐市的传说，真真假假，虚虚实实，历来都是中日两国史学界的一个无法破解的"谜案"，但是又是游离在历史与文化之间的热点话题。徐市传说成为了中国与东北亚地区间较为特殊的一种文化。在中国，自汉代以来的文人墨客，都以此为话题撰文赋诗。徐市，作为一个历史命题还存在诸多难解之谜，那么作为一个文化命题，早已经在历史的演变中为人们所接受，并且为中日韩乃至东北亚人民所接受。

在日本古代的历史上，绵延了六千多年的绳纹文化，在公元前三世纪突然中断了，日本列岛的文明进程，从石器时代猛然间就进入到了金石并用的时代，之所以会出现这种情况，主要原因是来自列岛以外的移民，为日本带来了全新的文化。而司马迁的《史记》在记载徐市出海求仙的事情时又正好是发生在这一时期，这又不得不引起历史学家们的猜想。但是《史记》对于徐市去向的记载只有"徐市得平原泽，止王不来"这几个字，这平原泽是哪里呢？谁也不知道，以后又没有让人足以信服的考古资料进行印证。在日本，有文化记载的史料也是到了七世纪时才出现，对于古代的文献资料，大多是以口碑的形式流传下来的，其可信度着实有限。因此，想要确切地知道哪些人从中国大陆带去了先进文化，的确有些困难。

赵高阴谋害死扶苏

在秦始皇的众多儿子中，长子扶苏仁义勇武、才德兼备，最受秦始皇喜爱，最得朝野上下钦佩。他是大秦帝国当之无愧的继承者，可惜的是，这样一位贤人公子最终却在秦始皇沙丘暴亡之后被自己的亲弟弟逼死。

在秦始皇弥留之际写下遗诏，将帝位传给长子扶苏。可是，秦始皇身边的宦官赵高并不满意这个安排，为了获得更多权力，他以丞相之位为诱饵，让李斯和自己合作。

秦始皇暴毙，让李斯、赵高与胡亥三个人一面胆战心惊，一面又迅速结成统一战线。其中，最积极的当属赵高。赵高的手中攥着秦始皇真正的遗诏，却没有按照秦始皇的吩咐将其转交给信使，而是将其扣留下来。他真心不想让扶苏登上帝位，因为一旦扶苏称帝，必然会亲近蒙氏兄弟，而赵高素来与蒙毅有矛盾。赵高曾经犯下大罪，蒙毅依法惩治，宣判其死刑，后来因为秦始皇怜悯赵高才得以赦免。蒙氏兄弟，一个是武将在外，一个是文官在内，且一直受到扶苏的倚重。一旦扶苏即位，蒙氏兄弟的地位必然更加稳固，这样对赵高的威胁很大。所以，赵高必须想方设法阻止扶苏即位，而扶持自己的学生胡亥。

赵高虽然说服了胡亥，却还需要拉拢另外一个关键性人物，那就是李斯。于是，赵高将李斯找来，大胆地说出了自己的想法。李斯听后震惊不已，斥责赵高大逆不道。但很快，当赵高指出扶苏即位后的利害关系时，李斯就沉默不语了。原来，李斯也在忌惮着，如果扶苏即位，丞相的职位会落到蒙恬身上。李斯内心十分矛盾，他回想起了当年韩非的下场，心中不寒而栗。最后，在保住自己地位的私欲下，李斯选择了与赵高合作，也就是从这一刻起，李斯走上了不归路。

说服李斯后，赵高与李斯假传圣旨，立胡亥为太子；之后又炮制了一份遗诏送往了上郡，诏书中这样写道："朕巡游天下，祷祀名山众神，以求延年益寿。今扶苏与将军蒙恬领军数十万屯驻边疆，十余年间，不能前进，士卒多耗，无尺寸之功，反而多次上书诽谤朕之所为，并且因不能回归京城为太子而日夜怨望，扶苏身为人子却不孝，赐剑自裁。蒙恬辅佐扶苏局外，知其谋而不能匡正，为人臣却不忠，赐死。属下军队，交由副将王离统领。"假诏书写好后，盖上了秦始皇的印章，密封好，由胡亥的门客送往上郡交到扶苏手上。

遗诏送出去之后，李斯与赵高称秦始皇要继续北上巡游，于是带着秦始皇的尸体一路北上抵达上郡，以此来威慑扶苏与蒙恬。

送信的使者来到上郡后，在扶苏与蒙恬面前宣读了这份假遗诏。还没有等到扶苏开口说话，蒙恬就先说了一段话来拖延时间："交兵权需要花费一定的时间，诏书既然已经平安送到，扶苏公子和我自然会了断，不必急在这一时。"接着，蒙恬与扶苏进入到内室。扶苏一进去就放声大哭，准备拔剑自刎，蒙恬见状一个箭步跑过去夺下剑，劝说道："陛下如今还在外巡游，并没有立太子，派三十万大军守卫边疆，并让公子担任监军，这关系到天下安危。如今，只见一个使者送来一份连真假都不清楚的诏书就立刻自杀，实在是对不起陛下。希望公子上书请求复核，等到复核之后确定无误再自杀也不迟。"蒙恬的这一番话的确很有道理，凭借他在外统兵多年的经验，以及对当前时局的了解，是绝对有理由对这份诏书提出疑问的。

可是，不管蒙恬怎样说，扶苏都是一心求死："将军不要再苦苦相劝了，'君要臣死，臣不得不死'，我既然是臣，如今父皇赐我一死，怎么还可以不从呢？"说完后，就"噗通"一下跪在地上，朝着咸阳的方向磕了三个头，接着拔剑自刎。蒙恬抱着扶苏的尸体大哭不止。使者见到扶苏已经自杀，就过来催促蒙恬："蒙恬将军，如今扶苏公子已经死了，希望您也抓紧时间。"蒙恬虽然对诏书的真假持怀疑态度，拒绝自杀，但见扶苏已死，让他一时陷入为难境地。无奈之下，蒙恬只好将兵符交给了副将王离，自己则被囚禁。随之，李斯立刻派遣自己的心腹取代了扶苏的位置，担任北疆大将军的监军。

获知扶苏自刎、蒙恬被囚，胡亥、李斯、赵高三人悬着的心终于落地了，随后立刻驾车直奔咸阳。在途中，赵高假装给秦始皇送水送饭，由于尸体腐烂，秦始皇的车驾发出阵阵恶臭，赵高为了掩盖这种味道，在车上装了一石鲍鱼，用腥味掩盖臭味。公元前210年8月，李斯等人回到咸阳城，正式为秦始皇发丧，并且公布了遗诏，扶胡亥登基，即为二世皇帝。李斯继续担任丞相一职，赵高则升为郎中令，身居要职，负责宫廷警卫。九月，秦始皇被安葬在了骊山陵中。

◀ 局势分析 ▶

秦始皇死后，赵高为了满足自己私欲，决定开始实施他筹划已久的阴谋计划。他先是说服胡亥，后又用丞相之位利诱李斯。很快，赵高、胡亥、李斯就站在了同一阵线。始皇已死，赵高、李斯就可以随心所欲地操控胡亥胡作非为了。

为了一己私欲，赵高与李斯决定先秘不发丧，等到局势稳定之后再宣布秦始皇的死讯。在此期间，他们篡改了秦始皇的遗诏，用"不忠不孝"的罪名将扶苏与蒙恬赐死。对于这份诏书，虽然蒙恬始终心存怀疑，力劝扶苏，但是伤心欲绝的扶苏根本听不进蒙恬的话，毅然拔剑自刎。扶苏的死，让赵高、李斯、胡亥放下了心中的大石头，回到咸阳后，立刻为秦始皇发丧，拥立胡亥为皇。

可以想见，这样的结局，虽然满足了赵高的欲望，却加速了秦朝的灭亡。

◀ 说点局外事 ▶

在《史记》中，司马迁并没有为赵高列传，究竟是他鄙视这个人物，还是他认为赵高不足以列传，就不得而知了。不过，从《秦始皇本纪》、《蒙恬列传》、《李斯列传》等文中，却可以见到赵高的影子。虽然只是寥寥数笔，但赵高卑微的一生，依然清晰可见。赵高是秦国的旧贵族，他的生年，应该比始皇帝早5～10年，也就是公元前249年前后，卒于公元前206年，也就是秦二世三年。当秦始皇还是秦王的时候，因为赵高的能力突出，深得秦始皇宠信，于是被任命为中车府令。虽然官级不高，得不到重用，但是对于一个阴谋家来说，任何一次机会，都能成为他晋升的阶梯。官虽不大，但却可以亲近秦王，这就非同小可了。所以，这个台阶也就为赵高奠定了发迹的基石，也为大秦帝国的灭亡埋下了深深的隐患。

胡亥的残暴统治

秦始皇驾崩，胡亥即位。可是，昏庸无能的胡亥受到赵高的蛊惑，诛杀了朝中的忠臣与自己的亲生兄弟。大秦帝国的统治越发黑暗残暴了。

胡亥即位之后，原本想要将蒙恬与蒙毅两兄弟释放，继续任用，但是李斯与蒙恬曾在出兵匈奴的问题上发生分歧，政见不合；而赵高又因为蒙毅曾经将自己判死刑，一直怀恨在心。于是，赵高劝说胡亥："臣听说先帝早就有立陛下为太子的意愿，但是因为蒙毅极力反对，才让太子久久不能得立。在臣看来，像蒙毅这样的不忠之臣就应该杀死，以免后患无穷。"登上皇位的胡亥最害怕的就是皇位受到威胁，赵高的这一番话正好说中了他的担忧，哪里还再敢启用蒙毅，于是，立刻下令囚禁了蒙毅。

此时，秦公子嬴婴站出来，劝说胡亥："当年赵王迁诛杀良将赵牧，起用聚颜为将；燕王西私自采用荆轲的计谋，背弃了与秦国的约定；齐王杀害旧臣，而用奸佞之臣，这些都导致了国家的灭亡、君王身首异处。难道，陛下不应该吸取教训吗？蒙氏一族三代为臣，是大秦的栋梁之材，陛下才刚刚即位，就要诛杀他们，臣认为万万不可。臣听说，做事情轻率的人是难以治理国家的，固执己见的人是难以做皇帝的，诛杀忠臣对内会让群臣产生怀疑，对外会让将帅离心，还望陛下三思。"此时的胡亥已经被赵高牢牢控制，根本什么都听不进去，所以依然坚持处死蒙氏兄弟。

随后，胡亥派人来到了囚禁蒙毅的地方，对蒙毅说："先帝想要立陛下为太子，你却从中不断阻拦，丞相认为你不忠，祸及宗室，但是陛下不忍心，于是下令将你赐死。"蒙毅知道自己的死期到了，但是还奋力为自己争取到哪怕一丝丝可能活下来的可能。他引经据典讲道理，希望可以打动胡亥的心。但是，使者早就已经从赵高那里得到了好处，根本不听蒙毅的话，毅然将其处死了。

蒙毅死后，赵高用连坐的理由连同蒙恬也杀了。当使者来到囚禁蒙恬的住处时，蒙恬正气凛然地说："蒙氏三代为官，为秦朝立下汗马功劳，今天，我率领三十万大军戍守北疆，依照我的势力，早已经能够独自反抗秦国，但是我身为秦国世民，终究还是对秦国抱有信任与忠义。"当然，蒙恬深知，即便自己说再多的话也无济于事，在使者的逼迫下，蒙恬只好服毒自杀。至此，秦朝失去了两个栋梁。

杀死蒙氏兄弟后，胡亥决定效仿父亲秦始皇巡游天下，他对赵高说："先帝曾经巡天下，宣扬自己的强大，威慑海内，现在朕还年轻，又刚刚即位，百姓还不顺从，如果不出去巡游，百姓必然会认为朕是一个无能之辈，无法统治天下。"于是，即位之后的第二年春天，胡亥在李斯、赵高等百官的陪同下，开始了巡游之路。他们一路从咸阳往东追寻着秦始皇的足迹，再到辽东，沿海返回，接着又游历泰山、之罘、琅琊，渡过长江，抵达会稽。四月，返回咸阳。

这一次的巡游十分顺利，但是胡亥并不心安。因为自己是以阴谋夺取皇位的，宗室大臣之间原本就疑虑重重，而十几位兄长的存在，更是对自己的帝位构成了威胁，每当想起这些，胡亥总是不寒而栗。赵高此时一心想着铲除异己，建立自己的政权，于是就顺着胡亥说："不瞒陛下，臣也有同感，只是不敢说出来，诸位公子都是陛下的兄长，大臣又都是先帝的老臣，陛下登位，诸位公子与大臣原本就对沙丘之事存在疑问，现在只不过是敢怒不敢言。臣的境遇比陛下更悲惨，那些大臣看到臣此时官居要职，对臣表面恭敬，背后却怏怏不服。这样陛下又怎么可以心安呢？"胡亥忙问："那应该怎么办呢？"赵高借机怂恿胡亥说："依臣之见，陛下要主动出击，首先铲除那些不听话的大臣，再重新提拔一些忠臣；然后要对付那些想要结党与陛下争夺皇位的公子们。"胡亥听到赵高这样说，面露难色，怯怯地说道："可是，要如何才能对付他们呢？"赵高胸有成竹地说："欲加之罪何患无辞？结党成群、阴谋不轨就是最好的罪名了。"胡亥愕然，大概此时的他才忽然意识到，自己的老师竟然是一个如此阴险的人。赵高这一步"欲加之罪"的棋下的妙极了。

在赵高的配合下，胡亥对自己的亲生兄弟姐妹展开了大清洗。他首先在杜城（今陕西长安杜曲）以"图谋不轨、怨怼诽谤"的罪名处死了六名陪同出行的兄弟，处死公主十人，财产一律没收，亲近者全被株连。

局势分析

沙丘事变之后，赵高顺利晋升，站到了秦国政治权利的中心。可是，贪婪的赵高仍不满足，他想要从这个位置上一步步攀升。于是他怂恿残暴不仁、荒淫无度的秦二世胡亥以"欲加之罪"残忍地杀死了蒙氏兄弟。随着蒙氏兄弟的惨死，秦朝帝国大厦将倾。

秦始皇一统天下之后并没有诛杀有功之臣，胡亥处死蒙氏兄弟，开启了无辜杀死大臣的先河，让秦朝上下惶恐不安。秦二世的残酷暴政从此开始。

因为胡亥是秦始皇的幼子，他的即位引起了众多大臣与兄弟的不满，当赵高将这其中的利害关系分析给胡亥听的时候，胡亥也就懂得了其中的意思。的确，如果胡亥想要坐稳皇位，就要杀死他的所有兄弟们。随后，胡亥在赵高的教唆下将魔爪伸向了自己同父异母的兄弟姐妹们。

此时的赵高真正做到了大权在握，秦国的政局在秦始皇去世之后就进入了胡亥与赵高的时代。赵高帮助胡亥满足他的荒淫生活，胡亥帮助赵高满足他的权力欲望，两个人你情我愿，全然将大秦帝国放之不顾。到了此时，官员的不满情绪越来越浓，百姓的生活越来越苦，但是这两个人的企图还在这种"互相帮助"的游戏中继续着。很快，当百姓的怨念之声达到一个顶点的时候，民间的反抗之火就燃烧起来了。

说点局外事

李斯去世后，赵高名正言顺地成为了丞相。大秦帝国的政事完全由他一人裁决，赵高俨然一副太上皇的模样，但是他的野心并没有得到满足，还是想要取代胡亥。但是朝廷中有多少人可以听他的摆布，又有多少人反对他，赵高的心里没有底。为了试探一下大臣们的反应，在公元前207年八月的一天，赵高将一头鹿献给胡亥，满脸堆笑地说："臣献给陛下一匹马供陛下玩耍。"胡亥一看，心想：这哪里是什么马，分明就是一头鹿啊！于是，就笑着对赵高说："丞相说错了吧，这明明是一头鹿，怎么是马呢?"赵高不以为然,一本正经地说:"请陛下仔细看清楚,这的确是一匹千里马。"胡亥又看了看那只鹿,将信将疑地说:"马的头上怎么会有角呢?"赵高面不改色心不跳地转身问周围的大臣:"陛下如果不信我的话,可以问问众位大臣。"

大臣们顿时被赵高的一派胡言搞得丈二和尚摸不着头脑,私下交谈:赵高究竟是要做什么?是鹿是马这难道不是明摆着的事吗!当看到赵高脸上露出阴险的笑容,两只眼睛骨碌碌轮流地盯着每个人的时候,大臣们似乎明白了他的真正意图。

一些惧怕赵高却又心怀正义的大臣不敢说话,因为说了假话,对不起自己的良心,说了真话又担心赵高会对付自己。有些秉性正直的人,坚持认为是鹿不是马。还有一些平时就紧跟赵高的奸佞之人立刻顺从赵高的说法,义正辞严地对皇上说,"这确是一匹千里马!"

胡亥见到众口不一,还以为是自己中了邪,才将马看成鹿。赵高于是请来了占卜师为他算卦,占卜依照赵高所指示的,骗胡亥说:"这是因为陛下在祭祀的时候没有戒斋沐浴的原因。"胡亥自然信以为真,于是就听从赵高的安排,离开皇宫去戒斋了。胡亥离开后,赵高立刻处死了那些说真话的官员,这下群臣更不敢违逆赵高了。

第五章　帝国崩溃，汉代秦亡

大泽乡起义

秦二世胡亥变本加厉的残暴统治终于点燃了反秦起义的烽火。公元前209 年，被发往渔阳戍边的陈胜、吴广打着"大楚兴，陈胜王"的旗号，揭竿而起，建立了张楚政权。虽然最后因为内部矛盾导致了起义的失败，但是反秦起义的火种却并没有熄灭，反而迅速形成了燎原之势。

公元前 209 年，一支派往渔阳（今北京密云西南）戍边的队伍被大雨困在了大泽乡（今安徽宿州）。这是从帝国中南部各郡征调的戍卒，大约九百人，由阳城（今河南登封）人陈胜与阳夏（今河南太康）人吴广率领。

陈胜与吴广二人虽然出身低下，但是心存远大抱负，在他们心里，总是对成功抱有积极态度。其实，支持两人理想的动力并不是幻想，而是对事态的敏锐感。在他们两人心中，暴秦已经走到了尽头，接下来的时代将会重新回到群雄逐鹿的战国时期。这个背景无疑为他们提供了一个很好的契机，让他们看到了实现抱负的曙光。

陈胜这个人，关于他起兵之前的事情，历史上记载很少。只知道他年轻的时候曾经受雇为人耕田，但是他并不甘心就这样平平淡淡一辈子。有一次，他对耕田的同伴说："我们中间的谁以后要是富贵了，一定不要忘记现在这些一起同甘共苦的朋友啊！"陈胜满怀激情地说了这句话，却被其他人狠狠地泼了一盆冷水，人群中有一个人直截了当地说道："为人种田又怎么会有富贵的一天呢？"陈胜很不以为然地说："燕雀安知鸿鹄之志!"这就是陈胜的心志。

当陈胜与吴广带领着一群戍卒走到大泽乡的时候，因为大雨滂沱，道路泥泞，队伍行进速度缓慢，如果不能够在规定的时间内到达渔阳，就要被处斩。眼看着抵达的日期一天天临近，人们的心情变得越来越焦躁不安，走投无路的陈胜与吴广私下里商量："想要在预期之内抵达渔阳已经不可能了，现在逃跑或许还有一线生存的希望，但是弃军逃跑也可能被抓回来，被抓以后也免不了一死。与其被秦廷处死，不如举事起义，推翻秦朝统治。保住自己性命的同时，还做了一件利国利民的大事。"吴广听到陈胜这样说，也跟着连连点头。

可是，起兵先要正名义。陈胜提议："现在的百姓在秦二世胡亥的统治下苦不堪言，人们已经忍受很久了。我听说二世是先皇的幼子，原本不应该做皇帝，真正的皇位继承者应该是公子扶苏。扶苏因为屡次劝谏秦始皇，才被秦始皇发配到北疆戍边，而秦二世篡位夺权，逼迫扶苏公子自杀，才登上皇位的。百姓都很爱戴扶苏公子，却不知道他已经死了。如今，楚国的大将项燕对士卒关爱有加，又战功卓著，大家都敬佩他，现在他下落不明，不知道是死是活。如果以扶苏和项燕两人的名义起事，一定会得到天下人响应。"吴广认为陈胜说的有道理，就决定和他一同起事。

当然，陈胜与吴广有了这样的决定，可是，即便他们身为屯长，这些人也未必会听他们的话。怎样将众人的心凝聚在一起，让众人相信依靠陈胜与吴广是有希望的，这才是两人后面要认真对待的问题。为了解决这个问题，陈胜、吴广决定先找占卜师。

占卜师知道陈胜、吴广的意思，便说："你俩谋划的事情一定会成功，那么你俩为什么不借助神明的力量呢?"陈胜、吴广顿时明白了占卜师的意思，于是他俩找来一条白色绸布，用朱砂在上面写上"陈胜王"三个字，提前塞到了打捞上来的鱼肚子里。待到大家买鱼来吃的时候，发现了鱼肚子里的布条，都十分惊奇，"陈胜王"三个字更是让人们摸不着头脑。

为了让这些人快速进入状态，当天夜里，吴广躲到附近的一个破庙里，在庙前点燃一堆篝火吸引大家的注意力，等到大家都关注到这座破庙的时候，吴广就学着狐狸叫了一阵子，最后大声叫喊："大楚兴，陈胜王。"大家不知道这破庙前怎么会突然起火，心中有些害怕。听到吴广的声音，都以为是神明显灵，更加不知所措。白天怪鱼、晚上闹鬼，大家越想越害怕。第二天天亮，大家看陈胜的目光都变了，他们不知道这个陈胜是什么来头，可能真的是神明暗示的那个将要成为"王"的人。

对于这件事情，人们都在心中犯起了嘀咕。陈胜和吴广想趁此机会，让大家死心塌地地跟随他们。正巧这天押解他们的军官喝醉了酒，陈胜吴广装作自己因为耽误了时间想要逃跑，引得军官当场鞭打吴广，还拿出宝剑来吓唬他们。吴广马上过去夺过剑，将那个军官杀了，接着，在陈胜的帮助下，另一个军官也被杀了。一时间，大家乱作一团。陈胜、吴广赶忙把大家召集在一起，说："大家偶遇暴雨，延误了预期时间，延误当斩，即便不被处斩，戍卒们十之八九也会死，壮士不死而已，死就要死得有价值。王侯将相，宁有种乎！"这一番慷慨陈词，赢得了所有人的热烈响应。于是，大家搭起祭坛，以两名军官的头祭天，九百人袒胸露背，宣誓要复兴大楚，谎称公子扶苏、项燕，号称大燕。陈胜自立为将军，吴广为都尉。

带着九百人，陈胜、吴广首先攻占了前往的驻地大泽乡。附近的人，听说他们要推翻秦朝，让百姓过上好日子，都拿出家里的东西来慰劳他们，青年壮丁也都纷纷加入到他们的队伍中来，他们将木棒拿来做兵器，竹子用来做旗杆，大家齐心合力，想要推翻秦朝统治。这就是典故揭竿而起的来历。而后，陈胜、吴广带领大家攻占了大泽乡所在的蕲县，而这里也成为了他们的第一个根据地。起义过程中，由于百姓纷纷响应，队伍很快达到了数万人，武器和车辆也迅速增加到了六七百乘。陈胜做了东西分进的战略部署：东进军队主要由葛婴率领，向蕲县的东南方向进发；西进军队主要由陈胜、吴广率领，攻克蕲县西北邻县，并继续朝着西北进发，攻克酇（今河南永城），接着挺近东南，然后西进，攻占陈郡郡治陈县。

攻占陈县以后，陈胜和父老一起商议反秦大计。陈县的父老们建议陈胜："秦廷暴政，陈胜这样做事大仁大义之举，应该以复兴楚国为名义，号召天下。"陈胜。吴广就自立为王，以"张楚"作为国号。

张楚政权的建立，让秦朝的农民看到了希望，他们纷纷效仿陈胜、吴广，举事起义。各地反秦的声音越来越多，以燎原之势在全国蔓延开来。六国旧时的贵族也加入起义的行列，试图通过他们的势力，再次建立自己的政权。

陈胜的兵力以陈县为中心，迅速向全国铺展开来。他们一路北上，进攻原来魏国的区域；一路向东南方向，进攻秦九江郡；向西方向，他们分为三路，共同的目标是秦都咸阳，还有一路向广陵方向进攻。

这个军事部署基本上奠定了秦楚之间的军事战略形势，各路起义军在各地反秦势力的帮助下攻城略地，所向披靡，很快就占据了关东大部分土地与郡县。其中，吴广率领军队到达荥阳时，遭遇秦军顽强抵抗，两军陷入僵持中。而周文率领的义军迅速穿过颍川、三川两郡，直取关中，到达函谷关时，有战车千乘，士兵数十万。

公元前209年，周文率领军队一举攻克了函谷关，进入距离咸阳百里的戏（今陕西临潼），逼近咸阳。秦二世胡亥闻讯惊慌失措，立刻派遣少府章邯迎战。章邯没有足够的士兵，就将修建骊山陵墓的苦役组织起来，编成新军，和周文的军队战斗。由于对函谷关环境的熟悉和丰富的经验，章邯将军用这支临时组建的军队，打退了周文进攻。周文无奈，退守曹阳，等待救援。

知道周文退出函谷关，攻占邯郸的武臣等人意识到反秦之战或许会进入到僵持阶段。在谋士张耳和徐馀的谋划下，武臣在邯郸自立为赵王，任命张耳为右丞相，邵骚为左丞相，徐馀为将军，赵国复国，建立起了独立的政权。当陈胜下令让武臣出兵援助周文的时候，武臣拒不出兵。

周文在曹阳等了很长时间，却没有人来救援，结果被章邯打得溃不成军，周文也在此战中自杀。从此之后，张楚政权反秦的形势急转直下。章邯打败周文以后，继续前进，配合李由共同夹击吴广的军队。吴广手下的一个副将田臧假传陈胜的命令将吴广杀死，陈胜知道这件事情后，不但没有处罚田臧，反而嘉奖了他。在这件事情上，陈胜犯下了赏罚不当的错误。田臧杀死吴广之后，继续围攻荥阳，结果被章邯打败。起义军中，最重要的两支部队就是吴广和周文，这两支被打败，起义军很难再形成气候。

章邯趁此机会，攻入张楚政权的大本营陈县。公元前208年，陈胜被叛徒杀害，起义军投降。至此，陈胜、吴广的起义失败了。

陈胜、吴广的失败，并不能阻止其他势力反秦脚步，各地起义依旧进行。这其中就有后世著名的西楚霸王项羽和建立汉朝政权的刘邦。

局势分析

秦朝严苛的律法和沉重的徭役，让百姓无法生存，才揭竿而起，掀起了推翻秦朝的高潮。陈胜、吴广的力量是最具代表性的一支。

陈胜、吴广懂得利用人们的思想，不论是"陈胜王"的白布条，还是破庙里的奇怪叫声，都是他们利用鬼神之说，在人群中取得威信的方法，这也是君权神授的体现。

起义军的失败，一部分原因是秦军将领章邯的各个击破，另外一部分原因存在于起义军内部。

一方面，起义军的队伍里掺杂了六国的贵族势力。这些旧时贵族并不是真心为起义军服务，而是借着起义军的势力来建立自己的政权，为旧国覆灭而雪耻。这致使周文在遇到阻碍的时候，其他的诸侯国势力只是袖手旁观，并没有实施救援，导致周文主力被灭。另一方面，在取得一定成绩之后，陈胜沾沾自喜，听信谗言，和自己共同起事的吴广被杀，他没有马上采取措施，反而对杀死吴广的将领进行了提拔和奖赏。再者，起义军领导人之间的勾心斗角，相互残杀，导致军中人心不稳。陈胜不能控制起义军的行动，这使得军队在战略上显得混乱，毫无章法。另一支主力就是因为不听从指挥，凭着自己的判断行军，结果被秦军消灭。

起义军因为种种原因失败，影响却依旧存在。正是因为他们的揭竿而起，使得各地的起义纷纷展开，六国的贵族势力也逐渐建立政权。这些农民起义或者贵族政权建立，都加速了秦朝灭亡。

说点局外事

二世元年七月，发闾左適戍渔阳，九百人屯大泽乡。陈胜、吴广皆次当行，为屯长。会天大雨，道不通，度已失期。失期，法皆斩。陈胜、吴广乃谋曰："今亡亦死，举大计亦死，等死，死国可乎？"陈胜曰："天下苦秦久矣。吾闻二世少子也，不当立，当立者乃公子扶苏。扶苏以数谏故，上使外将兵。今或闻无罪，二世杀之。百姓多闻其贤，未知其死也。项燕为楚将，数有功，爱士卒，楚人怜之。或以为死，或以为亡。今诚以吾众诈自称公子扶苏、项燕，为天下唱，宜多应者。"吴广以为然。

项梁担起重任

秦朝的残暴统治激起了群众反抗，身为领头羊的陈胜已经在中国大地上发出了他响亮的喊声，这喊声犹如一道闪电震彻山谷、响彻云霄，秦朝的大地从此不再沉寂，秦朝，进入了一个摇摇欲坠的年代。而被陈胜喊醒的第一个人就是项梁。

项梁不是普通人，而是曾为楚国大将项燕的二公子。在当时，就连陈胜这样的小人物都有推翻暴秦的念头，更何况是一个堂堂的名将之后呢！项梁身为项燕的后代，国仇家恨集于一身，必然也会有张良的心态。而这一次，陈胜更是以项燕的名义揭竿而起，因此，项梁觉得自己绝对不可以置身于这次事件之外。

当然，项梁虽然是名将之后，可毕竟是亡国的名将。当年秦军大破项燕的时候，项燕兵败自刎，项梁也是在楚国灭亡之后，因为杀人而被流放到会稽山的。身为流放之人，故国之后，当然不能够在秦朝谋个一官半职，所以项梁并没有掌握任何实权。没有实权在手做事情是很难的，项梁清楚地知道这一点。所以为了顺利举事，自己就需要先夺下一支军队的统治权。

项梁的手中虽然没有实权，但在吴中地区很有威望，当时，吴中的贤人名士对项梁还是十分尊敬的，哪家要有丧事，通常都是由项梁主办。因为这份威望，项梁与当时的会稽郡太守殷通成为了好朋友，人脉之路打通了，项梁想要掌握实权，就需要在殷通身上下功夫——杀死殷通，夺取地方政权。再加上，殷通一直很信任自己，而且会稽郡管理的范围非常广，这的确是一个很好的选择。就这样，项梁决定了目标，只差实际的行动了。

项梁没有军队，以兵力夺取政权是没有办法实现的。他唯一靠的只有计谋。项梁能够想到的计谋就是利用殷通对自己的信任，出其不意地杀了他。当然，这类的刺杀行动还需要一个英勇的武士，这就不要担心了，因为在项梁这里根本不缺少武士。

这个武士就是项梁的亲侄子，项燕的孙子，名叫项籍，字羽。项羽的父亲在他很小的时候就去世了，年少的他一直跟在叔父项梁身边。项梁是名将之后，自然就会有名将之后应该具备的见识，所以，他十分重视对项羽的培养。在项羽年轻的时候，项梁曾经教他读书，但是对于书本完全不感兴趣的项羽只要一看到书本就打瞌睡。项梁无奈，只有转而教他习武。可是项羽学习一段时间后，又再一次对武术失去了兴趣，不想再继续学下去了。项羽的做法让叔父项梁十分生气，恨铁不成钢的项梁大声斥责项羽这个不可教的孺子："你毫无奋进的品质，以后如何扛起大事呢？"面对叔父的斥责，项羽并没有感到羞愧，相反，项羽理直气壮地对项梁说："读书只不过是知道名字怎么写就可以了。学习舞剑只能够抵挡一个人，没必要学，要学就学能够抵挡万人的本领。"

年少轻狂的项羽用自己的歪门邪理堵住了项梁的嘴。项梁知道与年轻人是没有道理可讲的，因为他们总是会用自己的一套理念来反驳自己。因此，听到项羽这样说，项梁心想：好，既然你想要学习抵挡万人的本领，我就教你。于是，项梁就让项羽学习兵法。起初，项羽的确对兵法展现出了十二分的热情，并且很认真地学习了一段时间，但是很快地，就又对兵法没了感觉，将它丢在了一边。

面对项羽的年少无知、狂妄自大，项梁无可奈何。虽然这个侄子的身上有过人的天赋，但是项梁还是希望他能收敛一下，否则会成为未来失败的缘由。有一次，秦始皇出巡的时候，项羽看到宏伟的车队阵仗，年少的项羽的确十分羡慕，但是轻狂的他却没有表现出其他少年见到这种宏大场面时所应该具有的惊讶表情，或许是他将这种惊讶埋在了心底，故意装出一副不屑的神情，淡淡地说了一句："我可以取而代之。"

这句话一出，差一点吓坏了站在身边的项梁。项梁立刻捂住了项羽的嘴，警告他不要乱说话，否则会被灭族的。项羽的这一举动让项梁再一次看到了这个少年的轻狂，也让项梁为这份轻狂更加担忧。但是，项羽的大志和远见也让项梁感到欣慰，项家竟然出了一个如此有魄力、有胆量的后代！

公元前 209 年 9 月，也就是在陈胜起义之后的两个月，项梁来到了殷通的府中。在这里，殷通与项梁谈论起陈胜起义的事情，当时的起义军势力庞大，有很多地方已经陆陆续续跟随陈胜而起，殷通深知当时的时局，因此也打算起兵反秦，并且有意让项梁与另外一个叫桓楚的人担任军队的统领。桓楚当时正在外逃，于是项梁说："桓楚正在外逃亡，别人都不知道他的去处，只有项籍知道。"于是殷通就让项梁将项羽叫来，希望项羽可以受命将桓楚找回来。

项梁的心中很是高兴，心想殷通已经进入了自己的圈套，只要项羽这头猛虎进入府中，那么殷通就无法逃脱了。所以，项梁立刻将项羽找来。项羽见到殷通与项梁，假装听从项梁的命令。不一会儿，项梁就使了一个眼色，暗示项羽时机已经到了，快快动手。只见，此时的项羽拔剑出鞘，以迅雷不及掩耳之势杀了殷通。

殷通还不知道发生了什么事，就已经身首异处了。项梁一手提着殷通的首级，一手拿着会稽郡太守的官印。项羽跟在项梁的后面，一见到有反抗的部下就立刻拔剑斩杀。项羽的武功高强，在会稽郡没有什么人是他的对手。很快地，项羽就完全控制了县府。

项梁杀死殷通夺取政权后，还必须争取得到地方豪强的拥护。于是，

项梁召集了会稽郡吴县地区的豪强官绅，向他们讲述了起事反秦的道理，并且将殷通讲成了一个反复无常、不明是非的人，正因如此，自己才会亲手杀了他。这些豪强官绅原本就对身为项燕后代的项梁十分敬重，现在见到他身边又多了一个如同猛虎般的少年英雄，在敬重之外又多了几分畏惧。再加上，秦国的统治的确残暴无道，如果可以顺利推翻，让百姓过上安定的生活，自然也是大功一件。因此，对于项梁没有人提出疑问，项梁也就十分轻松地接下了吴中（今上海、江苏南部和浙江嘉兴的东北部）地区的统治权，有部将多名，精兵八千。项梁成为了会稽郡太守，项羽成了项梁的副将。

项梁担任会稽郡郡守的第一件事，就是立刻宣布抗秦。整个吴中地区也从此进入了紧张对敌的状态，同时，项羽也开始了他的霸王之路。

项梁在吴中地区响应了蕲县的陈胜，起义声从此不断向东南方向扩张，延伸到沿海一带。很快，在江苏的最北方也有一个人揭竿而起，这个人就是刘邦。

局势分析

秦朝暴政终于激起了群众的反抗，随着陈胜、吴广以"项燕"的名义在大泽乡揭竿而起后，项燕的后人项梁终于在沉睡之中被唤醒，决定响应当前时局，起事抗秦。可是，自己虽为项燕后代，却并无实权。经过一番深思后，他将矛头对准了自己的朋友——会稽郡太守殷通。是的，想要掌握实权，就需要借机杀死殷通，夺取政权后再给他冠以"不明时局、局部抗秦"的罪名，如此一来，早已对暴秦满怀激愤的百姓自然会心甘情愿地服从项梁的统治了。

就这样，他用阴谋杀死了殷通，说服了地方豪强、占据了会稽郡郡守的职位，成为了吴中地区的统治者。项梁成为郡守的第一件事，就是揭竿而起，反抗暴秦。而后，项梁以吴中地区作为根据地，踏上了属于他的抗秦之路。

如今的秦朝仿佛又回到了群雄争霸的战国时期，各路英豪纷纷响应，虽然政权不同，但目的相同。就这样，秦朝进入了一个风雨飘摇的时代，灭亡之期亦不久矣！

说点局外事

历史上关于项羽的史籍介绍：

据《史记·高祖本纪》中载：秦二世三年，楚怀王见项梁军破，恐，徙盱台都彭城，并吕臣、项羽军自将之。以沛公西楚霸王项羽塑像（戏马台）为砀郡长，封为武安侯，将砀郡兵。封项羽为长安侯，号为鲁公。吕臣为司徒，其父吕青为令尹。

据《史记·项羽本纪》中载：初，宋义所遇齐使者高陵君显在楚军，见楚王曰："宋义论武信君之军必败，居数日，军果败。兵未战而先见败徵，此可谓知兵矣。"王召宋义与计事而大说之，因置以为上将军，项羽为鲁公，为次将，范增为末将，救赵。诸别将皆属宋义，号为卿子冠军。

据《汉书·高帝纪上》中载：后九月，怀王并吕臣、项羽军自将之。以沛公为砀郡长，封武安侯，将砀郡兵。以羽为鲁公，封长安侯。吕臣为司徒，其父吕青为令尹。

据《汉书·陈胜项籍传》中载：宋义所遇齐使者高陵君显见楚怀王曰："宋义论武信君必败，数日果败。军未战先见败征，可谓知兵矣。"王召宋义与计事而说之，因以为上将军；羽为鲁公，为次将，范增为末将。诸别将皆属，号卿子冠军。

刘邦是个不甘寂寞的人

就在陈胜与项梁高举推翻暴秦旗帜的时候，处于江苏北端的一个小地方的百姓也在跃跃欲试。而将起义圣火燃放在这块土地上的却是一个年近

五十的闲汉。对于这个闲汉，他周围的人对他并没有什么溢美之词，只是当他最后以帝王的姿态重新回到这片土地的时候，人们才知道他们往日看不起的闲汉，竟然是真命天子。

公元前 256 年，当秦昭襄王还在致力发展秦国事业时，沛县发生了一件奇异的事情。据说，有一个叫刘媪的沛县女子有一天在水塘里休息，只见突然间风起云涌，雷电交加。刘媪的父亲见天气突变，女儿迟迟不归来，立刻跑到水塘。这一看，可是将刘父吓傻了。原来，刘父竟然看到一条蛟龙正伏在女儿身上。还没等刘父反应过来，蛟龙就已经飞走了。胆战心惊的刘父立刻喊醒了女儿，才知道女儿根本一无所知，倒是梦到了有神仙来到了自己身边。刘父一时不知所措，不过后来，这件事情也就不了了之了。

这件事情发生不久，刘媪就怀孕了。因为刘媪早为人妻了，所以怀孕也就不足为奇了。刘媪怀胎十月生下了一个男婴，因为排行第三，所以取名刘季。刘季就是大名鼎鼎的汉代开国皇帝刘邦，也就是上面说的闲汉。

刘邦就这样在沛县这块小地方出生并成长着，长大后的刘邦是一个不务正业的浪荡子弟。当家人请先生教他读书，他却学不下去，整天逃课，因此经常受到老师训斥。刘邦的父亲见儿子如此顽劣，就经常把他与他的哥哥作比较，说刘邦不如他哥哥会经营。即便父亲怎么说，"心胸宽大"的刘邦就是不放在心上，这也让刘父很无奈。

刘邦这种豪放的性格虽然对家里经营家业没有任何帮助，但比起两个兢兢业业的哥哥，刘邦有另外一个更好的资源，那就是人脉。因为这种豪爽的性格，刘邦结交了县里同他一样性格顽劣、无所事事的朋友。当然，这些人现在还不能帮助刘邦成就大事，因为在陈胜起义之前，大家并不知道刘邦是不是有成就大事的念头。当时在别人眼里，刘邦不过是一个小混混，哪里会有什么远大志向呢？当然，刘邦也并不在意别人怎么看自己，虽然年纪一年比一年大，但他依然过着我行我素的生活。

秦始皇统一后，在官吏换届的时候，刘邦顺利得到了一个小官职——泗水郡的泗水亭长。秦朝的亭长相当于现代的一个派出所所长，职位是很低的，但是对于当时已经35岁的刘邦来说，当个小官总比每天游手好闲要强上百倍。更何况当个一官半职，不仅地位稍稍抬高了一些，最重要的是可以结交很多朋友，因此，刘邦美滋滋地接受了亭长一职。

当亭长后，刘邦将他的豪爽一如既往地发扬光大。时间长了，刘邦竟然和县里的官吏们都混熟了，也正是凭借着这样的交际网，才打响了他在当地的名气。当地人几乎都知道有一个小混混当上了泗水亭的亭长。

一个小地方的官员，要处理的事情也不会太多，所以更多的时间，刘邦都用在了外出闲游、结交朋友上。但凡附近发生了什么大事，一定少不了刘邦的身影。这不，这一次刘邦又无赖地出席了一次宴会。

这次宴会的主办人是吕公。吕公原本是单父县（今山东单县）人，因为与家乡的人结下梁子，才迁移到沛县。因为他和沛县的县令是好朋友，所以他的到来引起了很多权势人物的注意，很多人都想要拜访他，与他攀攀交情。为了回应当地人的热情，吕公就举办了一次宴会宴请这些人。

刘邦原本与吕公并没有什么交情，但是他一听说吕公要举办宴会，无所事事的他就想要找点乐子，于是不请自来。当刘邦来到吕府门口时，他看到了挂在门口的一个牌子：贺礼不足一千的人，请到堂下坐。刘邦一看，不禁唏嘘，不要说一千，自己连一百都拿不出来啊。但是刘邦毕竟是刘邦，这点困难怎么会难倒他呢？

只听刘邦理直气壮地喊道："我出一万贺钱！"这话刚一说出口，周围的人都转过头来看他，因为他们想要看一看在这个小地方究竟是谁有这样的家产。当认识他的人看到说出这句话的人竟是刘邦的时候，心中微微一笑，心想这个刘邦不知又要耍出什么花招。而那些不认识刘邦的人当真了，甚至开始从心底佩服起这个财大气粗的人。

当时在吕府门口负责接待工作的是沛县主簿萧何。萧何一听"一万"两个字，手中准备记载的手竟颤抖起来。萧何与其他人不一样，惊讶地抬起头看着眼前这位豪迈之士，也就是从此时起，萧何心中记下了刘邦这个人。当然，比起这些人，更加惊讶的是宴会的主办人吕公。此时的吕公百思不得其解，不知道自己什么时候结交了这样一位大财主，立刻跑出去迎接。当吕公见到刘邦的那一刻，顿时喜从中来。原来，吕公是一个会看相的人，而刘邦的相貌在吕公的眼中正是上好之相。所以，在两人眼神交流的那一刻，就对上了眼。此时，吕公也不管刘邦是不是真的可以拿出一万贺钱了，因为在他的眼中，刘邦这个人的价值远比那一万贺钱来得实惠。

吕公邀请刘邦上座，按照上宾的礼仪接待。宴会过后，吕公请刘邦留下来，并且提出要将自己的女儿吕雉嫁给他。刘邦一听，大喜过望，要知道刘邦已经将近四十岁，却依然没有娶到老婆。此时竟然有人亲自送上门，而且是一个地位不算差的人，刘邦当然不会拒绝了。于是，刘吕两家结成了良好姻缘。

吕雉起初并不同意这门亲事，一来自己年轻貌美，刘邦已经接近不惑，二来刘邦整日在外鬼混，不务正业，试问哪一位正值花样年华的少女愿意嫁给这样一位不务正业的糟老头呢？可是，父命难违，吕雉也只能认命了。婚后的吕雉不仅要照顾儿女与双亲，还要下地干活，生活十分艰苦。吕雉的花样年华就这样在几近独守空闺的环境中度过了，现实消磨了吕雉对于爱情的无限憧憬，锻造了她刚毅的个性。而当这种刚毅走向极端的时候，历史也就记下了这个女人的狠毒。

刘邦每天和他的那一群狐朋狗友们混在一起，闲散到无聊至极，正希望上面可以派下一点任务来消磨消磨的时候，任务真的降临了——押送徒役到骊山修陵。可以说，这个任务对于刘邦来说是很艰巨的，但是刘邦还是硬着头皮接下来了。

就在这趟路程中，即将诞生秦末历史上的又一件大事——斩白蛇起义。刘邦的兴起划下了另一个纪元的开端，这是属于刘氏天下的历史时代。

局势分析

一直以来，世人对于刘邦的母亲"遇蛟龙后诞下刘邦"的传说持质疑态度，虽然《史记》中有记载，但明显是虚构的。人与蛟龙交配而诞子，这样的神话故事在古代比比皆是，不足为奇。或许正是因为出身穷苦的刘邦摇身一变成为了汉朝开国皇帝，才被用心之人附上了这样神奇的故事吧！

刘邦从小就是一个不学无术、游手好闲的人，年近四十还没有娶妻，被街坊邻居视为无能之辈，不仅如此，就连他的父母对这个儿子也不抱有任何希望。面对父亲的责骂与街邻异样的眼光，刘邦视若无睹，依旧我行我素。

正是刘邦这种豪放的个性与放荡不羁的处事作风，才让他结交了很多朋友，比如萧何就是在此时结交的，后来成为汉朝的开国功臣。人脉一打开，有人帮助的希望就大了，成就大事的概率也就增加了，这或许是刘邦的这种性格能够给他带来的好处。

后来，刘邦趁着官吏换届之机顺利当上了泗水亭长。或许在别人看来这仅仅是一个小官职，但是在刘邦看来，却是一个广结朋友的好机会，所以，刘邦欣然接受了。在之后担任亭长的日子里，刘邦依然整日与一群狐朋狗友出去闲逛，闲逛到无聊至极，正希望上面可以派遣任务消磨消磨的时候，竟然如愿了。上面决定派遣刘邦押送徒役前往骊山修陵。在押送途中，刘邦发动了斩白蛇起义，成为了起义军中不可小觑的力量。

到此时，起义战争已经全面打响，秦朝面临着四分五裂的局面。

说点局外事

刘邦作品之《大风歌》

《大风歌》是汉高祖刘邦平定黥布之乱后回返，途经沛县，邀请故人们喝酒。酒过三巡后刘邦击筑，大家一起唱了这首歌。"大风起兮云飞扬，威加海内兮归故乡，安得猛士兮守四方。"汉朝人称这篇歌辞为《三侯之章》，后人题为《大风歌》（始于《艺文类聚》）。

刘邦作品之《鸿鹄歌》

《鸿鹄歌》是汉高祖刘邦创作的。晚年的刘邦因为对戚夫人宠爱有加，

想要立他与戚夫人的儿子赵王如意为太子。汉高祖十二年，刘邦一病不起，深知将不久于人世，于是就想要换立太子。在一次宴会中，太子请来闻名退迩的贤人"商山四皓"相随，刘邦自知换立之事已经不可能了，无奈的刘邦召来戚夫人，让其为之跳楚舞，自己则借着酒意击筑高歌。《鸿鹄歌》就是在这个时候完成的。

斩白蛇起义

"斩蛇起义"是刘邦建立大汉王朝之前的历史典故，刘邦在芒砀山斩蛇之后正式举起反抗暴秦的义旗。

刘邦奉命负责押送一群徒役前往骊山修建陵墓。当时正值冬季，天色阴暗，寒风刺骨，这样的天气向这群徒役展现了一个黑暗的前景——在骊山服役十之八九都会死。徒役们想到这里，无一不毛骨悚然，忍不住扪心自问：难道自己注定要葬身在这劳役之中吗？

暴政已经完全失去了让百姓服从的意义。面对难以逃脱死亡的命运，这群徒役中有人决定对着命运冲一冲。既然都是一死，为什么不逃呢？如果可以顺利逃过修陵的重任，或许还可以过上几年安稳的日子。于是，在刘邦押送这一群徒役前往骊山的路上，其中陆陆续续有人逃走。等到抵达芒砀山的时候，徒役基本上都逃光了。

刘邦看着队伍日渐减少，人又没有办法追回来，只剩下这几个劳工，可以修葺一座偌大的陵墓吗？心灰意冷的刘邦越来越觉得继续押送已经没有意义了，带着这几个人到了骊山，自己也会按照理律斩首，既然如此，还不如做一个顺水人情，让他们也都走吧。于是，刘邦在芒砀山停了下来，招呼剩下的人一同喝酒，酒性正酣，刘邦十分豪爽地对所有人喊道："你们都走吧，我也走了。"说完之后端起酒杯一饮而尽。

大家见刘邦这样豪爽，无不深受感动，最后，在一些人逃跑之后，竟然还有十几个壮汉心甘情愿地留下来追随刘邦。刘邦见这些人有心追随，就同他们以兄弟相称，在逃亡路上互相扶持。

那天晚上，满身酒气的刘邦与一群兄弟走到了一条小路。小路昏暗，刘邦让一个人前去探路，不一会儿，探路的人回来了，说前面有一条大蛇挡住了去路，无法前行。当时听到这句话，所有人都惊呆了，纷纷劝说刘邦绕道。但是醉意正浓的刘邦丝毫不惧，大喊一声："壮士走路，有什么可怕的！"于是，就一个人挺直了腰板，朝着大蛇盘睡的地方走去，大家都担心刘邦会出事，纷纷尾随其后。

走了没多久，就见到了一条大蛇。这条大蛇的身体足以将整个道路阻塞，虽然没有吓人的动作，但是它静静地躺在那里，就足以震慑众人了。可是，刘邦竟然毫无畏惧地拔起腰间的剑，走上前去，就在大家还没有从惊恐之中缓过神来的时候，刘邦已经将白蛇斩成了两截。

蛇就这样被刘邦杀死了，大家在一阵狂呼英勇之后，就继续向前赶路了。有赶不上队伍的人在刘邦等人走后赶到了白蛇惨死的地方，忽然听到一个老太婆哭泣。他们感到十分奇怪，这种地方为什么会有老婆婆的哭声呢？于是，就走上去询问。原来这个老太婆的儿子被人杀死了，所以在这里痛哭。可是，当这些人问及她的儿子为何被杀的时候，老太婆竟然说了一段很玄乎的话："我的儿子是白帝子，化身为蛇，挡在了路中间，今天被赤帝子杀死了，所以在这里哭泣。"

大家听到这些话，感到十分奇怪，再回头一看，那条蛇果然是白色的，难道老太婆口中的赤帝子就是刘邦吗？他们想到这里，将信将疑，又准备继续质问这个老太婆的时候，发现她已经不在了。大家心中更为疑惑，但却不敢耽搁，只好继续赶路。赶上了刘邦等人后，他们便将刚才的所见所闻告诉了刘邦。刘邦听后心中不免大喜。可是，喜悦之后的刘邦又开始忧愁起来，毕竟自己放走了所有的徒役，朝廷追究下来，自己也只能是死路一条。

无处可逃的刘邦就直接在芒砀山附近躲藏起来。据说，在这段逃亡的时间里，吕雉与村人总是可以轻易地找到他。刘邦感到十分奇怪，就问妻子为什么总是可以找到自己，吕雉就对他说："在你的头顶上总有一道奇

特的云气，所以我才可以找到你啊！"人们听到吕雉这样说，更加认定刘邦是一个成就大事的人，于是越来越多的沛县年轻人来追随刘邦。

公元前 209 年，刘邦还躲藏在芒砀山的时候，陈胜起义上演了，整个大地为之一振。这一年九月，起义的呼声越来越大，这阵起义的风吹到了沛县，并且随之在这里刮起了一阵巨大的旋风。

当时的沛县县令也想要在沛县响应起义，于是就找来萧何、曹参等人商议。这两个人认为县令身为秦朝的官员，只怕难以服众，最好可以先找回逃亡在外的人，从而收降人心。当时出逃在外的人就包括刘邦，而刘邦底下更是有数百人紧紧追随，因此，县令就让刘邦的好朋友樊哙前去找回刘邦。

可是，当樊哙与刘邦带着数百人回到沛县准备见县令的时候，县令却后悔了。他担心召回刘邦是引狼入室，一旦控制不好，只怕自己的县令一职都会落到别人手中。于是，县令紧紧关闭城门，不让刘邦等人进入。县城里，萧何与曹参力劝县令，却被县令视为通敌，想要将二人问罪。二人心生畏惧，于是就连夜逃出城，投靠刘邦了。

萧何深深知道争取群众的重要性，县令身为秦朝官员，早就已经不能服众，此时又反复无常，将这群本地人拒之门外，已经失去了群众的支持。但是刘邦等人则正好相反，他在当地已经具有一定名气，此时手下还有几百名跟随者，再加上此前的赤帝子之类的传言，所以，他得到群众支持的概率还是很大的。经过一番深思之后，萧何决定辅佐刘邦。

城门不开，刘邦只好将一封信绑在箭上，射进城内。信件上详细讲述了反秦的意义，希望县里的人可以杀死县令，重新选择首领，带领他们一起推翻暴秦，过上好日子。县里的百姓早已经对暴秦深感不满，当他们收到刘邦的信件时，立刻组织起来冲进县衙，杀死了县令，然后打开城门迎接刘邦等人。

刘邦回到县里之后，在众人的拥立下成为首领，并被改称为"沛公"。就这样，刘邦接受了"沛公"的称呼，在县府里面举行了起义仪式。这支起义军祭祀了蚩尤与黄帝，然后用牲畜的血染红了义旗。瞬间，沛县犹如一条巨龙蜿蜒盘旋，飞舞升腾，照亮了昏暗的天际。

局势分析

刘邦，作为大汉王朝的开国皇帝，他的一生都极富传奇色彩。自蛟龙卧体，到斩白蛇，再到吕雉寻夫，这几件事的发生都是这般的玄乎其玄，令人半信半疑。关于刘邦是赤帝子的说法，史书上的记载也是十分玄妙的，当然，所谓的赤帝子是不是真实的，这个传说很有可能是出自于刘邦杜撰，目的就在于拉拢人心，而后来，这些计策都一一实现了它的效用——越来越多的年轻人愿意跟随刘邦。他的队伍一下子增加到了数百人。

随着越来越多的人加入起义队伍，沛县县令也想要在沛县响应起义，并且答应将刘邦等外逃的人找回来。可是，当刘邦等人匆匆赶回的时候，县令竟然后悔了，将其拒之门外，不让其进城。县令此举引起了民众强烈不满。在万般无奈之下，刘邦只好将一封信绑在箭上，射入城内，让县城内的百姓杀死县令。县里的百姓早已经对秦朝的暴政深感不满，接到刘邦的信件之后，立刻冲进县衙杀死了县令，随后开门迎回了刘邦。

刘邦回到县里之后，就被拥立为首领，从此开始了他的起义之路。

可以说，正是县令此举成全了刘邦，如若不然，刘邦又如何能够杀掉沛县县令，并取而代之，带领群众反抗暴秦的压迫，创出自己的一片天地呢？从此之后，赤帝之子的名号从沛县这块小地方往外发出，震撼了整个秦朝大地，也震撼了整个中国历史。

刘邦在沛县正式起义，与陈胜、项梁等遥相呼应，起义的声浪因此增强，秦朝面临着更大危机。

说点局外事

刘邦墓又叫长陵，其选址在咸阳的最高点，也就是咸阳宫的旧址上。远望长陵就好像是一座兀立的山峰，气势磅礴。长陵的南面与未央宫隔河相望，北面依偎着九山，泾渭二水横贯陵区。站在这里，长安景象尽收眼

底，一直以来都是关中著名的枢纽要地。1970年～1976年，陕西省文物管理委员会对长陵进行了全面考察，发现了大量的实物遗存。

长陵是汉高祖刘邦与皇后吕雉的合葬陵墓，陵园的遗址至今尚存。陵园呈长方形，南北长1000米，东西宽900米，西墙的正中间发现了一座宽23米的城门遗址。西城墙的地面上至今还保留着长600米、宽6米、高3米的夯土遗迹。陵冢位于陵园的正南方，高祖陵在西面，吕后陵在东面，相聚250米左右。长陵以东是陪葬墓区，绵延达15里。根据史书上的相关记载，张耳、曹参、周勃父子、田蚡、萧何等功臣贵戚大部分都葬在这里，唐代的诗人唐彦谦这样赞美道："长陵高阙此安刘，祔葬累累尽列侯"，这些累累连绵的坟冢，从某种角度上呈现出了汉初文治武功的绝世盛况。

李斯就这样死了

晚年的李斯为了保住自己的权势与地位，充当了赵高篡改遗诏、废长立幼的帮凶，但最终，又是赵高害死了李斯。

整个江南地带已经起义了多半，蓟县的陈胜、吴中的项梁、沛县的刘邦，还有那些小规模的队伍，他们都在为了推翻暴秦、过上幸福安乐的生活而奋斗。可是，就在农民起义已经到了难以遏制的时候，秦朝的执政者们，还依然沉迷于自己的权势世界中。

在秦廷，赵高通过实施一系列阴谋后，大权在握。而秦二世胡亥依旧放心地将整个国家大权都交到了他手上。眼见农民起义如火如荼，赵高却无动于衷，但身为丞相的李斯再也坐不住了。此时，陈胜、吴广在大泽乡揭竿而起，原诸侯国的贵族也在招兵买马，试图复国。倘若再由昏庸无度的胡亥乱来的话，大秦的末日就不远了。李斯心急如焚，频频上书胡亥，但胡亥不予理睬。

此时，赵高一心想要铲除李斯这个绊脚石，以攫取更多利益。当赵高见李斯苦谏胡亥无果的时候，赵高就假意鼓动他："现在关东的反贼越来越嚣张，但皇上还是忙着修建阿房宫，整天沉迷于酒色，我原本想要劝谏，可无奈位卑言轻，还是丞相劝谏才更有分量啊！"

李斯一脸苦笑，说："我又何尝不想劝谏呢，只是陛下现在深居宫中，我根本没有机会见到他啊！"

赵高连忙"真诚"地说："只要丞相有心，我一定会留心的，看看皇上什么时候有空，一定会在第一时间禀告丞相的。"李斯不知道赵高想要陷害自己，还对他感激不尽。

不久，果然接到了赵高的通知，说皇上有空闲，可以去奏事了。李斯匆匆忙忙地赶过去，却看到胡亥正在歌舞升平，与众位姬妾嬉戏打闹，根本没有时间听自己奏事，只能悻悻而归。李斯根本不知道这是赵高"特意"为自己安排的，还在傻傻地等待下一次机会，结果一连几次都是这样的情况。胡亥终于被惹怒了，破口大骂："李斯你这个老不死的，明摆着是在欺负朕，朕闲下来的时候，你不来，非要等到朕玩得正高兴时才来扫朕的兴，难道是因为朕年轻，所以你才会这样瞧不起朕吗？"赵高听到胡亥这样说，心里十分高兴，因为他已经成功挑起了胡亥对李斯的不满，于是顺势刺激胡亥说："丞相一定是仗着自己参与了沙丘之谋，想要让陛下分封他为王呢！还有一件事情，臣必须要禀告陛下：丞相与那造反的贼子陈胜等人原本是同乡，现在担任三川郡郡守的人是李斯的儿子李由，臣听说他曾经与陈胜等人有过书信往来，可见，他们的关系非比寻常啊。在陈胜等人经过三川郡的时候，李由并没有反抗，这才让事情闹得越来越大。"这一番话无异于火上浇油，胡亥大怒不止，立刻让人查办了李斯父子。

此时的李斯才恍然大悟，自己中了赵高的圈套。

一瞬间，李斯从位高权重的丞相沦落为被审查的"通贼"疑犯，这对于他的打击可想而知。为了挽救自己的性命，李斯急忙上书秦二世，一面为自己申冤，另一面揭露赵高的阴谋。可是，此时的胡亥已经完全被赵高迷惑，竟然将信件拿给赵高看，赵高看后反骂李斯这是恨不得快一点整死自己，好谋权篡位。胡亥听信了这些话，反而更加反感李斯。过了几天，李斯再一次联合丞相冯去疾，将军冯劫上书胡亥，劝其停止修建阿房宫，减少不必要的徭役。胡亥大怒，下诏责骂了李斯等人："阿房宫是在先帝时期开创的事业，必须要继续进行。朕才刚刚即位两年的时间，各地贼子就蜂拥而起，你们镇压不力，反倒议论起先帝的所为，更不为朕尽忠，为什么还要霸着权力不放手呢？"紧接着将李斯、冯去疾、冯劫等人交由司法官审办。

冯去疾、冯劫难以忍受羞辱，不久就在牢狱中自杀了。李斯自认为还有机会向胡亥解释，拒绝自杀。负责审问李斯的廷尉是赵高的心腹，他听从赵高的安排，对李斯进行一番严刑逼供之后，接着让其承认儿子李由与陈胜等人勾结，意图谋反。年迈的李斯承受不住酷刑，只好承认。依照秦朝的法律，惩办大臣，必须要经过皇上亲自派遣的官员复验之后才可以定罪，李斯心里还盼望着皇上复验的时候就可以为自己翻案。没有想到这最后的一线希望也被赵高摧毁了。

赵高派遣心腹伪装成皇上派来的使者去复验，一旦李斯翻案，就要对其进行严刑拷打，直到他不再翻供为止。这样三番五次下来，等到皇上真正派遣使者来的时候，李斯也不敢翻供了，于是通盗罪名成立。李斯被判腰斩弃市，灭三族。此时，李斯的长子李由已经被项梁的起义军杀死，赵高欺骗二世说李由已经被就地正法。

糊涂的胡亥当得知李斯认罪的时候，高兴地赞扬胡亥说："假如不是爱卿，朕恐怕就要被丞相出卖了。"公元前208年7月，被押赴刑场的李斯悲愤交加，在即将行刑前，李斯悲痛地问小儿子："我还想和你一起，牵着黄狗，再去猎逐狡兔，还可以做到吗？"说完，父子二人相对痛哭。这一天，大秦名相李斯被处以五刑：墨刑——在脸上刺字，劓——割鼻子，斩趾——割掉左右脚，宫——阉割，大辟——腰斩，最终腰斩于咸阳的街市。

如此，秦朝赫赫有名的丞相李斯结束了他的一生。

局势分析

随着赵高的权力欲望不断膨胀，李斯就成为了他权力之路上的绊脚石。因为李斯是在蒙氏兄弟死后唯一可以在朝廷上与赵高相抗衡的人，他在秦国的发展史上立下的功劳远非赵高可以比的。但是赵高有一点是优于李斯的，那就是秦二世胡亥的宠信，否则，他又怎么可以有机会与李斯平起平坐呢？因此，李斯在世一天，赵高就忌惮他一天。一直想要找机会除掉李斯的时候，这场平民起义给赵高送去了好机会。

沙丘之事，虽然李斯为了一己私欲成为了赵高的帮凶，但是在国家危难之际，李斯还是以国土为上的。随着农民起义的声浪逐渐高涨，身为丞相的李斯再也坐不住了，三番五次上书胡亥压制起义，可胡亥都不予理睬。就在李斯心急如焚时，赵高为其送来了好消息，说自己可以帮助李斯见二世，李斯因此对其感激不尽。可是，李斯万万没想到的是，这竟然是赵高为自己设的圈套。

看着李斯一点点走进陷阱却浑然不知，赵高别提多开心了。而二世呢？面对李斯一次又一次地觐见、上书，搅自己的好事，早已经怒不可遏，甚至破口大骂。阴险的赵高眼见计谋就要成功，只需要再加一些猛料就可以将李斯置于死地了，于是他开始进献谗言，说"李斯想要封王"、"李斯的儿子与陈胜勾结"、"李斯的儿子纵容反贼，才让其如此嚣张"之类的话，让二世的怒火越烧越旺，终于下令将其处以腰斩。

李斯死了，赵高得以更加肆无忌惮地擅用他的权力了。只是，随着李斯的死，大秦帝国的气数，也已经走到了尽头。

说点局外事

历史上众位大家对于李斯的评价：

《史记》中载：太史公曰：李斯以闾阎历诸侯，入事秦，因以瑕衅，以辅始皇，卒成帝业，斯为三公，可谓尊用矣。斯知《六艺》之归，不务

明政以补主上之缺，持爵禄之重，阿顺苟合，严威酷刑，听高邪说，废适立庶。诸侯已畔，斯乃欲谏争，不亦末乎！人皆以斯极忠而被五刑死，察其本，乃与俗议之异。不然，斯之功且与周、召列矣。

《史记索隐》中载：鼠在所居，人固择地。斯效智力，功立名遂。置酒咸阳，人臣极位。一夫诳惑，变易神器。国丧身诛，本同末异。

毛泽东赞誉：孟夫子一派主张法先王，厚古薄今，反对秦始皇。李斯是拥护秦始皇的，属于荀子一派，主张先法后王。

鲁迅先生曾称赞李斯："秦之文章，李斯一人而已"，"然子文字，则有殊勋。"

巨鹿之战

秦朝末年，原诸侯国趁着反秦起义的风波纷纷复国。秦将章邯与王离围攻赵国于巨鹿，楚怀王派遣项羽率兵救赵。项羽凭借破釜沉舟的决心与勇气，奋死一战，大败秦军。巨鹿之困因此得以化解。

陈胜、吴广的起义点燃了秦末农民起义的熊熊之火，但是夹在农民起义军中间的，还有很多原诸侯国的贵族势力，他们更加倾向于借用义军力量推翻大秦、恢复诸侯国。所以，当陈胜吴广起义遭受挫折的时候，他们就另立山头，纷纷宣布复国，对陈胜起义袖手旁观。很快，章邯在攻破张楚政权之后，又进攻楚国，项梁的军队在和秦军的战斗中，章邯败走。项梁因此掉以轻心，认为秦军不足为惧，却不知章邯败退后，并未就此放弃，稍作休整之后再次组织反扑。项梁在毫无防备的情况下惨遭杀害。楚国因为项梁的死承受了巨大压力，项梁手下的各路起义军首领项羽、刘邦、吕臣等纷纷撤走。这时的章邯自以为楚国不足为惧，遂率领秦军北上，联合秦将王离围攻赵国。

王离率领军队收复上党郡之后，从南北两面夹击赵国的首都信都。因为受到赵国、齐国与燕国的联合抵抗，王离的军队一直被阻隔在漳水南岸，一直到与章邯的大军会合以后，两军合力才攻克邯郸。赵王被迫东迁，逃往巨鹿城（今河北平乡），随后，向其他的各国请求支援。王离与章邯对之前的作战策略进行了重新调整：由王离率领部分军队将巨鹿城团团围住，而章邯的军队则驻扎在离巨鹿不远的棘原，为身处前线的王离提供物资和粮草。他们做好了长期的战斗准备，不着急把巨鹿城攻破，而是等待敌方的援兵到来，将他们一举歼灭。

巨鹿城被围困三个月，城外的秦军因为粮草的供应充足，士气旺盛，攻势日渐激烈，而城内的存粮日渐减少，再加上士兵的伤亡惨重，士气逐渐消沉，形势十分危急。赵将陈馀并没有跟随赵王一同逃往巨鹿城，而是率领残余部队北上进入恒山郡，驻守在秦军以外，等待时机解除巨鹿的危急。陈馀因为兵力不足，只能在城外守着，等待援兵到来。被围困在城内三个月的赵王耐不住性子了，派遣张耳出城催促陈馀进攻，陈馀在无奈之下，只好以视死如归的行动取信赵王与张耳，以五千人马为先锋，冲杀进去，结果全部被秦军杀死。从此，陈馀再也不敢轻举妄动，只能坐等援兵的到来。

赵王向楚国求救，此时，执掌楚国政权的项梁已经去世，楚怀王与诸位将领对今后反秦战争作出了具体的部署与约定：由先入关者称王。项羽急于为项梁报仇，主动请缨攻打咸阳。楚怀王了解他的性格，怕他暴躁的性格坏了大事，所以就没有答应他的请求，而选择了刘邦。在楚怀王看来，刘邦的性格相对稳重、宽宏大度，西进有助于争取民心，即便成功也不会很难驾驭，所以更加倾向于让刘邦入关称王。

此时，恰巧赵国也来向楚国求援，楚怀王就命令项羽跟着宋义去救援赵王。当宋义的大军浩浩荡荡地来到安阳的时候，宋义突然下令停滞不前，打算坐山观虎斗。项羽几次催促宋义尽快前进，宋义却并不理睬，反而嘲笑项羽说："坐而运策，这一点你还是不如我宋义啊！"项羽听到宋义这样说十分恼火。正在这时候，齐国派人来请宋义的儿子宋襄到齐国担任要职，宋义十分高兴，就离开楚军的驻地，亲自到齐国的边境为儿子设宴送行，一时间，楚军上下无不怨声载道。

项羽借此机会，便开始策动楚军的部将："赵国的形式如此紧急，我军却停止不前，今年饥荒，原本粮草就很难征集，现在天降大雨，后勤的供应更是出现诸多不畅，军中的存粮已经不多，此时，我军应该迅速渡过黄河，依靠赵国的粮食供给，与赵国一同对抗秦国的势力，这才是上策。国家安危，在此一举，而宋义身为主帅，却不能够体恤将士们的辛苦，不急于救赵，反倒滞留于此，与齐国勾当，实在不能够成为国之栋梁。如果不除掉宋义，楚国就没有希望啊！"诸位将士都支持项羽的建议。

当宋义回到楚军大营的时候，项羽就冲进宋义的营帐中，挥刀斩杀了宋义，还假称："宋义与齐国勾当背叛楚国，大王密令将其诛杀！"楚军上下无不慑服，一同拥立项羽为首领。项羽派遣将军桓楚前往楚国的都城彭城将这件事告知楚怀王，楚怀王深感无奈，只好任命项羽为上将军，继续领兵救赵。

项羽出任上将军之后，立刻起兵北上，从平原津渡过河。他先派遣英布与蒲将军率领两万人为先锋渡过黄河，英布等人上岸之后立刻对驻守在棘原与巨鹿之间的秦军后勤部队发动了猛烈进攻。当时，秦军是从棘原用船只将敖仓的粮食运到前线巨鹿的，所以章邯对于棘原十分重视，在粮道的两侧都修建了壁垒，称为甬道。英布等人率领楚军一举攻克了秦军的甬道，截断了秦军运送粮食的重要干线，让王离和章邯的军队不能相互支援。得到先锋旗开得胜的消息后，项羽遂率军渡过黄河，抵达漳河，与王离的军队对峙。

项羽大军的到来对巨鹿城内外的赵军都起到了鼓舞作用。徐馀的军队早已经在巨鹿城的北面修起了堡垒，等待配合项羽的军队发起进攻。张耳的儿子长敖也率领军队前来支援，三军合并之后，大约有一万人左右。燕王韩广也派遣军队援助，驻扎在徐馀的营帐旁。只是，诸国联军都不敢轻举妄动，只等待项羽大军的到来再一同发起进攻。

因为秦军的粮道被截断，一时之间又陷入联军的包围之中。项羽一面命令英布等人坚守阵地，阻止章邯与王离的联系，一面自己率领楚军横渡黄河与漳河与秦军展开激战。渡河之后，项羽下令让全军将士备足三天所用的干粮，同时凿沉渡河用的船只，焚毁全部的帐篷，自绝退路，同时告诉将士们只能前进不得后退。这就是著名的典故——破釜沉舟的由来。

断了后路的楚军，不得不拼死战斗。一时间，巨鹿城外战火弥漫，楚军将士奋勇当前，怒杀秦军，秦军在强大的军事压力下，步步溃败。仅一天之内，项羽接连九次打败王离。最后攻破秦军甬道，活捉了秦将王离。巨鹿城中的赵王打开城门，被眼前的阵势吓到了，一时没有反应过来怎么回事。

经过巨鹿之战，项羽在军中名声大震，各诸侯国的将领被项羽召见，都跪在地上不敢抬头。项羽因此被选为诸侯联军的首领。

巨鹿一战，秦军大败。章邯还是没有放弃，他重整旗鼓，准备回头再来。面对项羽军中的气势，章邯选择了漳河这个好地方，准备以守为攻。章邯依托着坚实的物资基础，构筑起防御工事。

项羽大败王离以后，迅速率领诸侯国的联军追杀过来。章邯避免和项羽的主力产生冲突，坚守不出。

巨鹿之战的失败，让秦二世非常恼火。章邯的军队面对项羽的叫嚣又不予理睬，只是一味退让。秦二世派人不断催促章邯迎战，章邯外部受敌，又遭到胡亥的催促，心里不免慌乱。

不久之后，赵国的将领司马卬的军队攻入河西郡，进而准备攻占漳河附近的其他两个郡县，切断章邯的粮道。刘邦快他一步攻占了其中的孟津郡，司马卬当然不痛快。

章邯趁两人不和，马上派司马欣回咸阳搬救兵。结果司马欣等了几天，连秦二世的面都没有见到，此时正是赵高把持朝政，他不会让不利的战事传到秦二世的耳朵里。司马欣害怕赵高会杀了自己，先赵高一步回了军营，才免于一死。

司马欣没有搬到救兵，反而被追杀，章邯知道战争可能无法持续下去了。加上陈馀劝说他投降项羽，章邯想到其中利害，还是派人找项羽和谈了。公元前 207 年，项羽接受了章邯的投降。

局势分析

随着各地农民起义的呼声越来越高，原诸侯国也纷纷打着复国的旗号加入到了反秦之列。秦将章邯杀死楚将项梁之后，就转而围攻赵国，赵王被迫退守巨鹿。情急之下的赵王只好向包括楚国在内的各个诸侯国求救。当时秦军的势力很强大，没有人敢上去迎战，当然，除项羽之外。

项羽首先派遣英布、蒲将军二人率领两万人为先锋横渡黄河，切断了秦军的运粮甬道。之后，项羽率领其余人马渡河，并下令全军将士破釜沉舟，以示决一死战之决心。

项羽破釜沉舟的勇气与决心鼓舞了士气。在营救赵国的战争中，楚军个个士气振奋，以一当十，奋勇死战，九战九捷，大败秦军。巨鹿之困也因此得到了解除。

巨鹿之战是秦末农民战争所取得的最后一场胜利。它基本上摧毁了秦军的主力部队，扭转了战局，奠定了反秦斗争的胜利基础。经过这场战役之后，秦朝已经名存实亡。而项羽也在巨鹿之战中一战成名，如此的战果令无数后世人对其充满了好奇与景仰。

说点局外事

《史记·张耳陈馀列传》：章邯引兵至邯郸，皆徙其民河内，夷其城郭。张耳与赵王歇走入钜鹿城，王离围之。陈馀北收常山兵，得数万人，军钜鹿北。章邯军钜鹿南棘原，筑甬道属河，饷王离。王离兵食多，急攻钜鹿。钜鹿城中食尽兵少，张耳数使人召前陈馀，陈馀自度兵少，不敌秦，不敢前。数月，张耳大怒，怨陈馀，使张黡、陈泽往让陈馀曰："始吾与公为刎颈交，今王与耳旦暮且死，而公拥兵数万，不肯相救，安在其相为死！苟必信，胡不赴秦军俱死？且有十一二相全。"陈馀曰："吾度前终不能救赵，徒尽亡军。且馀所以不惧死，欲为赵王、张君报秦。今必俱死，如以肉委饿虎，何益？"张黡、陈泽曰："事已急，要以俱死立信，安知后虑!"陈馀曰:"吾死顾以为无益。必如公言。"乃使五千人令张黡、陈泽先尝秦军,至皆没。

当是时,燕、齐、楚闻赵急,皆来救。张敖亦北收代兵,得万馀人,来,皆壁馀旁,未敢击秦。项羽兵数绝章邯甬道,王离军乏食,项羽悉引兵渡河,遂破章邯。章邯引兵解,诸侯军乃敢击围钜鹿秦军,遂虏王离。涉闲自杀。卒存钜鹿者,楚力也。

秦二世惨遭杀害

巨鹿之战扭转了秦末战争的局势,项羽的胜利给了秦王朝以沉重打击,而章邯投降更是让其雪上加霜。曾经辉煌一时的大秦帝国如今陷入了被动局面,可是,就在巨鹿之战为秦国划下了一道深深伤痕的时候,秦国朝廷还处于一片歌舞升平中。

赵高始终没有结束他那集政治权利于一身的欲望,如果不是起义军的攻势过于猛烈,他也绝对不会让秦二世看到这个真实的世界。至于秦二世,当得知章邯投降的消息后,他突然感觉到了自己以前的统治是多么的荒诞,也明白了赵高的阴险,只是不愿意承认这既定的事实罢了,继续一而再再而三的欺骗自己。可是,即便如今的自己已经清醒了,却也不可能再挽救这个败局了。如今,已经没有大将可以为秦国卖命了,秦二世只能整日寝食难安、以泪洗面,惶惶不可终日。

指鹿为马的事情发生后,二世更是悔恨不已,自己被赵高欺骗了这么多年,甚至害死了李斯等一批忠臣,这都是自己的罪过!等到大秦帝国灭亡的那一天,自己又该怎样去见先祖呢?

秦二世感到无比悲愤,他在深深责备自己的同时也在怨恨赵高。如果不是赵高,自己又怎么会犯下这样的错误呢?秦二世越想越气,最后,他决定派人去质问赵高,质问他为何总是说起义军不成气候,但是现在却压到了秦国头上?

赵高早料到会有这么一天，所以在章邯投降之后，为了躲避二世的质问，就整天称病不上朝。此时，赵高受到了二世的质问，惶恐不安。他知道，二世已经在记恨自己了，如果自己依旧消极逃避下去，那么自己苦苦经营多年的权力之路就毁掉了。所以，赵高决定先下手为强。

为了成功杀死二世，赵高让弟弟赵成做内应，谎称有大盗进入宫里，之后派女婿阎乐率领部属进行追击，借此机会闯进秦二世居住的望夷宫。在行动之前，阴险狡诈的赵高担心女婿会临阵退缩，悄悄地将阎乐的母亲抓了起来。

阎乐率领官兵一千多人来到望夷宫殿门，说："盗贼就是从这里进去的，为什么不加以制止？"

卫令说："宫殿的四周都有士兵把守，十分严谨，怎么会有盗贼闯入呢？"

阎乐于是斩杀了卫令，率领官兵径直闯入宫殿，一边走一边射箭，群臣百官十分惊骇，一些人逃脱，一些人格斗，当然，格斗者都被杀死了。最后，赵成与阎乐一同闯进宫殿，一箭射到了皇上旁边的帷幄上，秦二世愤怒地诏令左右侍者，侍臣们都惶恐慌乱，不敢反抗。二世的身边有一个宦官，伺候他不敢离开。二世说："你为什么不早一些告诉我，以至于到今天这个地步？"

宦官见到二世已经死到临头，也无所畏惧了，就直言说道："臣不敢说，所以才活到今天，如果我早说了，早已经被诛杀了，怎么还可以苟活到今天呢？"

这句话深深刺痛了秦二世，他突然之间想起了之前那些进谏而被自己杀死的忠臣，事已至此，一切都是自己的罪过啊！秦二世心灰意冷了。当阎乐抓住他后，历数了他自称帝以来的所有过错，秦二世接受了这一切。

可是，胆小的秦二世并不想死，怯生生地说："我可以不做皇帝，我只愿意做一郡之主。"但被阎乐拒绝了。二世又说："我情愿和妻儿在一起做寻常百姓，如同各个公子一样。"

只听阎乐对秦二世说："我受命于丞相，为了天下的人诛杀你，所以，即便你说再多的话，我也不可能答应你。"

秦二世见时势已定，自己再怎么求饶都无济于事，只好在阎乐等人的逼迫下，自刎身亡。

局势分析

可怜之人必有可恨之处，秦二世的死都是他自己一手造成，死不足惜。

自秦二世登基以来，宠信奸佞、残害忠良、诛杀同胞，所用手段极其凶残，不问政事、荒诞淫逸，后宫生活极度安逸，修建宫殿、祸害百姓，暴政之举昭然若揭。如此君主又如何不亡国？

赵高是秦二世胡亥的老师，是他一手将胡亥推上皇位，是胡亥最尊重也是最信任的人，"单纯"的胡亥将所有的政事都交由他处理，并且将他推向了权力的顶峰。可也是他，亲手将自己送上西天。二世虽已醒悟，但这一切都来得太晚了。

随着秦二世死亡，秦朝在历史上存在的时间也进入了倒计时。

说点局外事

湘鄂豫皖楚文化研究会第 13 次年会于 2013 年 11 月 23 日在湖南长沙举办，这次会议最大的亮点就是——秦代的简牍经考证属于胡亥"奉诏登基"的官府文告，这份官府文告，为了解胡亥又增加了一份文献资料。

文告中这样说道："天下失始皇帝，皆遽恐悲哀甚，朕奉遗诏，今宗庙吏及箸以明至治大功德者具矣，律令当除定者毕矣。元年与黔首更始，尽为解除流罪，今皆已下矣，朕将自抚天下。吏、黔首，其具行事已，分县赋援黔首，毋以细物苛劾县吏，亟布。"

湖南省文物考古研究所的一位资深研究员认为，简文内容是秦二世胡亥即位之后的第一年的第一个月颁布，在文中重点强调了即位的合法性，也稍微有些利用改革以惠及民众的意思。在行文的过程中，"始皇帝"换行顶格书写，是奏疏等文中提到皇帝或当时朝代名称换行顶格的最早文书实例，开后世此类文书体例之先河。

赵高除，秦朝亡

秦二世被赵高逼死之后，秦公子嬴子婴即位为秦王，一些人称其为"秦三世"。子婴即位五天就铲除了赵高，试图挽救危在旦夕的秦王朝，但是大秦的灭亡已成定局，最终子婴只好投降刘邦。子婴从即位到投降一共46天。

赵高逼死秦二世之后，立刻召集诸位大臣、公子在朝廷上集合。原本，赵高是想要自己当皇帝，但是害怕朝野上下不服，只好提议由公子子婴即位。当时，原诸侯国纷纷复立，大秦帝国的版图已经缩小到原来秦国的面积了，所以赵高建议子婴即位之后不再称帝，而是称秦王。

公元前207年9月，赵高让子婴先戒斋五天之后再进行告庙即位仪式。赵高原本以为子婴与秦二世胡亥一样，不过是一个随便任人摆布的傀儡，没有想到的是，子婴竟然是一个类似于扶苏的人，他早已经清楚地看到了赵高的阴险狡诈。接到赵高送来的玉玺后，他就与宦官韩谈以及自己的两个儿子商议："赵高在望夷宫逼死了二世，因为担心群臣会诛杀他，才会假惺惺地立我为秦王。我听说赵高与楚军立下盟约，要在消灭我国之后瓜分国土，卖国求荣。这一次他让我戒斋五天之后举行即位仪式，一定会在那里杀死我。所以，我这一次托病不去，赵高一定会亲自来叫我，等到那时候我们就借机杀死他，替大秦报仇。"

五天戒斋完成后，赵高派人来请子婴参加告庙即位仪式，子婴假装生病，坚决不去宗庙。赵高实在等不及了，就亲自到子婴那里去请他。赵高在门口说："听说陛下龙体欠安，老臣探病来迟，还望陛下恕罪。"子婴欺骗他一点点靠近："丞相不必多礼，请上前说话。"赵高走近子婴，问："告庙典礼是国家大事，陛下为什么不去呢？"子婴猛地从床上站起来，大喊一声："朕就是要等你来。"话音刚落，宦官韩谈就破门而进，还没等到赵高反应过来，就已经身首异处了。颠覆大秦的赵高就此人头落地了。

杀死赵高的第二天，子婴告庙即位，称秦王，他在大殿之上宣布了诛杀赵高的过程，下令对赵成与阎乐等人处以车裂之刑，诛灭三族。但是，为了避免株连太多，兴起大狱，子婴决定不追究众位大臣与赵高勾结的事情，同时大赦天下。

即位之后的子婴所面对的是秦始皇与秦二世留下来的烂摊子，各地的反秦起义依然在如火如荼地进行着，大秦帝国的统治也已经岌岌可危。就算子婴具备出色的治国才能与坚定不移的信念，也很难再有所作为，更难以解除大秦此刻的危机，更不说匡扶秦始皇的旷世基业了。子婴独臂擎天的努力，只能是螳臂当车而已。

此时，刘邦的大军已经进入了关中，直接进逼秦国的都城咸阳，大秦的形势危急，子婴用尽全力调兵，阻击刘邦的大军，试图将刘邦的大军赶出武关。但是刘邦却迅速绕过了秦军的主力，从后方彻底击溃了秦军最后的防线。

公元前207年10月，刘邦的大军屯驻于霸上（今陕西西安），咸阳城已经毫无防卫能力。

刘邦并没有直接进入咸阳，而是派人劝说子婴投降，此时的子婴并不想投降，却别无他选，大秦已经没有丝毫抵抗能力。子婴让妻子用绳子绑住自己，坐上素车白马，穿上丧礼时穿的白服，手持传国玉玺与兵符，亲自到轵道（今陕西西安霸水西岸的大道）向刘邦投降。作为胜利者的刘邦骑在马上，接过了子婴手上的玉玺，大秦帝国至此灭亡。

刘邦带领军队进入咸阳城，面对着金碧辉煌的宫殿，数不尽的珍宝和美女，觉得十分新鲜，一时之间竟然不愿意离开秦宫。樊哙劝说他不要被暂时的荣华迷惑，刘邦已经被咸阳城的金碧辉煌迷花了眼，根本听不进去。张良再次觐见，刘邦才恋恋不舍地退回霸上，并且向全城百姓和军士宣布"杀人者死，伤人及盗抵罪，余悉除去秦法，诸吏人皆安堵如故"。此举为安定民心。接着，他派兵驻守函谷关，以防其他起义军入关，此举为自营关中。

然而项羽的军队已经马不停蹄地向咸阳赶来。当项羽知道刘邦已经进入咸阳，封锁了函谷关，就驻军鸿门，和刘邦的军队对峙。经过著名的鸿门宴，刘邦保住了小命。双方和解，项羽进入咸阳。进入咸阳的项羽，杀死秦王子婴，一把火烧了秦宫。在咸阳内的烧杀抢掠，让项羽失去了关中民心。

公元前205年，项羽尊楚怀王为义帝，然后自立为西楚霸王。为了防止刘邦和自己争夺天下，项羽让刘邦守汉中，占巴蜀之地，封为汉王。因为巴蜀道路险峻，又是秦时流放犯人之地，项羽认为这样就可以限制刘邦的发展。

刘邦并没有因此消沉，而是暂时隐忍，韬光养晦，等待时机。他的属下暗中到各地活动，为刘邦争取同盟。

公元前206年，楚汉之争正式开始。经过"明修栈道，暗度陈仓"，刘邦取得关中。公元前205年，刘邦攻占洛阳，途中安抚百姓，深得民心。而后，刘邦顺利攻破西楚霸王的都城彭城。

项羽得知都城被占，急忙率兵返回，汉军惨败。后由萧何的军队为其做后盾，刘邦积蓄实力，和楚军在荥阳对峙。经过长时间的战斗，两军最终决定以鸿沟为界限，瓜分天下。而后，两军再次作战，经过较量，项羽最终在汉军的夹击下退到垓下。在这里，演绎了"霸王别姬"的惨烈一幕。

项羽的死，标志着楚汉之争的结束。刘邦又平定了长江中下游地区，最后在群臣的簇拥下，于公元前202年建立汉朝，在汜水（山东定陶）称帝。

局势分析

赵高在历史上咸名赫赫，他的阴谋手段和智谋出众，无论是丞相李斯还是皇帝胡亥，都死于他的阴谋之下。然而，他最终却被一个默默无闻的人所终结，那就是子婴。那么，为什么赵高会被子婴轻易地杀掉呢？

赵高是一位才华出众的人，不仅在文字、书法方面有着非凡的造诣，还精通法律。因此，他受到了秦始皇的赏识，并被任命为中车府令，这是一个至关重要的职位，只有在骑射、武艺方面出类拔萃且深得皇帝信任的人才能担任。可见，赵高在文武双全方面都具备真才实学。

赵高在秦始皇身边表现得低调勤奋，善于察言观色，一直深得秦始皇的宠信。然而，有一次赵高触犯了法律，而正直的蒙毅并没有欺瞒皇帝，如实上报了对赵高的审判结果。

尽管赵高被定了死罪，但秦始皇不舍得杀掉他，赦免了他的死罪并恢复了他的官职。这也埋下了后来蒙氏家族的灭亡和秦国覆灭的祸根。

赵高在这次死里逃生后，对权力的重要性有了更深的认识。当秦始皇病逝后，赵高看到了自己取而代之的机会。他编写了一份遗诏，要求由胡亥继位，然后赶快回到咸阳办理丧事。赵高还嘱咐丞相李斯要好好辅佐胡亥。

随后，赵高制造了大量冤案，杀害了皇子和公主们。他以莫须有的罪名斩杀了 12 位皇子，并在杜县将 10 位公主肢解。

赵高之所以被子婴杀掉，一方面是因为赵高高估了自己，他过于自信地认为自己能够轻易掌控子婴这个默默无闻的公子，没有意识到子婴内心隐藏着强烈的正义和忠诚之心。他以为子婴缺乏政治野心和资源，对他的威胁微乎其微，因此在对待子婴时麻痹大意。

另一方面，赵高的过度野心和残忍手段也为他带来了灭顶之灾。他通过篡改遗诏、诛杀皇子公主和忠臣良将等手段，使得胡亥成为傀儡般的皇帝，朝政实际上被他完全掌控。然而，他的残忍和暴政导致了社会的动荡和民众的不满，秦朝逐渐走向崩溃的边缘。

最终，子婴选择了合适的时机，一刀砍下了赵高的头颅。赵高的暴政和残忍手段最终导致了他自己的灭亡。而子婴则以他的智慧和勇气，成功地除掉了赵高这个毒瘤。

说点局外事

公元前 207 年，秦朝的最后一位王——子婴即位。子婴究竟是谁呢？司马迁在《史记》中并没有说明。历代以来，对于子婴的身世都存在不同的说法，其中，最为普遍的认识就是"秦二世哥哥的儿子"；其次是"秦

二世的哥哥"；还有人认为他是"秦始皇的弟弟"；另外，也有人认为子婴很有可能是"秦始皇兄弟的儿子"。

关于"二世兄子说"，最为流行的一种说法就是，子婴是秦二世长兄扶苏的儿子，也就是秦始皇的孙子，这种说法在现在的很多影视作品、诸多小说中都有体现。《史记·秦始皇本纪》中曾经记载。但是《史记·李斯传》中同时记载，子婴即位为秦王之后，与宦官韩谈和儿子商量除掉赵高。如此可以看出，子婴的儿子那是至少已经成年，才会与父亲商量谋杀赵高。依照秦朝的律法，男子17岁开始服役，那么子婴的儿子至少17岁了，按照这样推算，子婴至少35岁以上。而秦始皇去世的时候只有五十多岁，长子扶苏三十多岁，所以，始皇不可能有子婴这般大的孙子。所以，子婴是"二世兄子"的说法是不成立的。

第二种说法是"二世兄说"，《史记》六国年表中曾经记载"高立二世兄子婴"。但是秦二世在位的时候对有可能威胁到自己皇位的兄弟进行了彻底的诛杀，那么子婴如果是秦二世的兄长又怎么可以幸免呢？所以，这种说法也被人质疑。

还有人认为子婴是秦始皇的弟弟。《史记1李斯传》曾经记载"高自知天弗与，群臣弗许，乃召始皇弟，受之玺。子婴即位，患之，乃称疾不听事，与宦官韩谈及其子谋杀高。"这里，"始皇弟"与"子婴"被认为是同一个人。史书记载，始皇总共有兄弟四人，其中两位是同母异父的弟弟，是母亲与嫪毐所生，已经被乱棍打死，但是还有一位同父异母的弟弟叫成蟜。《史记·秦始皇本纪》中记载，秦王嬴政八年，王帝长安君成蟜率领军队抗击赵国失败之后投降赵国。有人认为成蟜就是子婴。

最后一种说法是认为子婴是始皇弟弟的儿子。徐广对《李斯列传》做的《集解》中这样说道"召始皇弟子婴，受之玺"可以理解为"秦始皇弟弟的儿子子婴"，也就是成蟜的儿子。

这几种不同的说法，一方面是因为史实记载出现歧义，另外一方面是因为后人对于"子婴"一词的理解有分歧。"子婴"可以理解为"名为子婴"，也可以理解为我"儿子名为婴"。至今，子婴的出身尚无定论。